LEAN INCEPTION

Editora
Caroli
caroli.org

PAULO CAROLI

LEAN INCEPTION

COMO ALINHAR PESSOAS E CONSTRUIR O PRODUTO CERTO

VERSÃO ADAPTADA PARA
PORTUGUÊS DE PORTUGAL

Editora
Caroli
caroli.org

Coordenação editorial
Juliana Rodrigues | Algo Novo Editorial

Projeto gráfico e diagramação
de miolo e capa
Vanessa Lima

Adaptação de linguagem
Ana Silva

Copyright © 2020 by Paulo Caroli
Todos os direitos desta edição
são reservados à Editora Caroli.
Avenida Itajaí, 310 – Bairro Petrópolis
Porto Alegre, RS – 90470-140, Brasil
www.caroli.org/editora
contato@caroli.org

Dados Internacionais de Catalogação na Publicação (CIP)
Angélica Ilacqua CRB-8/7057

Caroli, Paulo
    Lean inception: como alinhar pessoas e construir o produto certo / Paulo Caroli ; prefácio de Martin Fowler. – São Paulo: Editora Caroli, 2020.
    162 p.: il.

Bibliografia
ISBN 978-65-86660-09-8

1. Projeto de produto 2. Planejamento de produtos 3. Planejamento da produção 4. Planejamento estratégico I. Título II. Fowler, Martin

20-2393   CDD 658.575

Índice para catálogo sistemático:
1. Desenvolvimento de produtos: planejamento

AGRADECIMENTOS

OBRIGADO ThoughtWorks e ThoughtWorkers por me inspirarem e por usarem as atividades da Lean Inception. Eu acredito realmente que este conteúdo incrível surgiu de um contexto muito específico do qual vocês fazem parte. O meu agradecimento especial à ThoughtWorks Brasil, berço deste trabalho.

Agradeço aos que partilharam os seus conhecimentos sobre *inceptions* e tornaram este trabalho possível. Um agradecimento especial a Jeff Patton e Jonathan Rasmusson, com quem tive o prazer e o privilégio de aprender.

Obrigado a todos os que leram, usaram e partilharam comentários sobre a Lean Inception, o conteúdo evoluiu devido ao ótimo *feedback* e às experiências partilhadas. Só percebi que este material era algo realmente especial ao ouvir falar sobre o sucesso dele quando foi aplicado por outros facilitadores de *inceptions* e processos *lean*.

O meu agradecimento também a Martin Fowler por ser meu *coach* e pedir mais conteúdo sobre Lean Inception (em inglês). Aprecio verdadeiramente o teu apoio e incentivo para partilhar práticas importantes com a nossa comunidade, como foi o caso da Lean Inception.

Agradeço à minha família – Fernanda, Duda, João e Carolina – pelo amor e apoio durante todas as horas em que fico no meu escritório a ler e escrever, procurando aprender e partilhar o meu conhecimento. Um agradecimento especial a João Caroli. Ainda me lembro da minha primeira viagem depois de teres nascido. Sempre amei viajar e organizar *workshops* de *inceptions*, mas amo-te mais do que tudo e nunca consegui ficar longe de ti mais do que alguns dias. Tive que fazer as *inceptions* ficarem **lean** para regressar mais rápido. Definitivamente, inspiraste este trabalho!

ÍNDICE

CONSTRUIR O PRODUTO CERTO 23

PREFÁCIO

A visão mais ingénua sobre o desenvolvimento de *software* ágil é a de que toda a gente chega e começa a escrever o código sem gastar algum tempo inicial a descobrir o que fazer.

Esta visão, apesar de tão errónea como simplista, é baseada numa mudança genuína de pensamento. Antes do surgimento do Agile, pessoas importantes da área de *software* aconselhavam passar longos períodos a juntar a arquitetura e os requisitos necessários – isto quando um projeto de cinco anos podia esperar um ou dois anos para começar, quando era possível esperar todo este tempo antes de qualquer código ser escrito e colocado em produção. O mundo ágil descartou estes longos períodos de análise prévia, mas ainda reconhecemos que há valor em começar algo com um sentido de direção inicial. O desafio é entender como podemos fazer isso com rapidez e eficiência e, ao mesmo tempo, lembrarmo-nos de que nada nos ensina mais sobre o que queremos do que um produto incompleto que foi lançado, usado e testado. Assim, é preciso encontrar um equilíbrio entre estabelecer uma direção para o projeto e entender que o pensamento inicial é a maior experiência.

Na ThoughtWorks, a nossa resposta tem sido um processo chamado de *inception*. Reunimos um grande número de pessoas que serão afetadas pelo produto e fazemos uma sessão intensiva para definir uma direção inicial com o auxílio de uma série de exercícios que se focam na colaboração e na captura dos objetivos gerais.

Não tentamos fazer uma especificação detalhada, porque isso é exatamente o exemplo de algo que fica desatualizado assim que o código chega à produção, mas procuramos entender que tipo de resultados queremos, as funcionalidades que achamos que irão guiar esses resultados e como avaliaremos a eficácia do produto.

Com o livro **Lean Inception**, Paulo ilustra a sua experiência a fazer estas *inceptions* na última década. Em particular, o livro foca-se no seu trabalho de resumir a *inception* à sua essência, concentrando a atividade numa única e intensa semana de trabalho. Paulo partilha como faz esse processo, aborda a visão do produto, a compreensão das personas, o entendimento das jornadas do utilizador e o desenvolvimento de funcionalidades de alto nível. O resultado não é um plano de trabalho detalhado, que descobrimos rapidamente que se torna irrelevante, mas sim um conjunto de objetivos-guia que nos levam na direção correta. Ele não planeia um produto final, com todas as funcionalidades que os nossos utilizadores precisam, mas foca-se num produto inicial que podemos lançar e com o qual podemos aprender — o produto mínimo viável. Este funciona como um ponto de partida para evoluir para outro produto mais rico e mais capaz no qual poderemos usar novamente Lean Inceptions para nos ajudar com cada passo da evolução.

Neste livro, vai encontrar a experiência de anos do Paulo a liderar estas Lean Inceptions. Há um programa para uma semana típica de Lean Inception, detalhes das atividades e dicas para ajudar a equipa na aprendizagem gerada pelo lançamento do produto mínimo viável. Os esforços da semana são resumidos num Canvas MVP, o resumo do trabalho. Munido da *expertise* do Paulo, pode usar esta técnica e adaptá-la de acordo com a sua realidade.

MARTIN FOWLER

Chief Scientist da ThoughtWorks

martinfowler.com

O MUNDO ÁGIL DESCARTOU ESTES LONGOS PERÍODOS DE ANÁLISE PRÉVIA, MAS AINDA RECONHECEMOS QUE HÁ VALOR EM COMEÇAR ALGO COM UM SENTIDO DE DIREÇÃO INICIAL.

APRESENTAÇÃO

O QUE ENCONTRARÁ AQUI

Ler este livro é fácil: do começo ao fim! É curto e prático, conforme o próprio título diz: *lean*.

Ele está estruturado em três partes: Construir o produto certo, Preparar-se para o *workshop* e Atividades da Lean Inception. Por último, os anexos.

A primeira parte — Construir o produto certo — apresenta a minha história com as *inceptions* e o motivo pelo qual criei a Lean Inception. Aqui, exponho a minha visão sobre MVP (em inglês, *minumum viable product*), conceito no qual o livro é baseado, assim como mostro os desafios ligados ao conceito e ao desenvolvimento de produtos simples e eficazes (*lean*).

Já na segunda parte — Preparar-se para o *workshop* — explico em detalhe o formato de um *workshop* colaborativo que vai ajudá-lo a entender, alinhar e planear o MVP que será construído. Talvez seja o início de um projeto ágil numa grande organização ou o alinhamento sobre o que construir numa pequena *startup*. O estilo colaborativo e dinâmico da Lean Inception é o segredo de todo o sucesso!

E, na última parte — Atividades da Lean Inception — está o passo a passo! Lean Inception é uma sequência de atividades colaborativas e dinâmicas que irão gerar o Canvas MVP, o **quadro visual** que demonstra a estratégia do MVP. Todos os passos desta receita estão detalhados seguindo a ordem dos capítulos, começando pelo "Visão do produto" e terminando no capítulo "O Canvas MVP".

Os anexos podem ser lidos antes, durante ou depois da leitura do livro. O primeiro anexo contém um exemplo real do entendimento e planeamento de um produto *lean*, a partir do resultado de um *workshop* Lean Inception realizado numa formação de oito horas. Depois, há um glossário dos termos do livro e algumas atividades quebra-gelo.

COMO SURGIU O LIVRO QUE TEM EM MÃOS

"O Lean Startup é o guia para a inovação no século XXI. As ideias deste guia vão ajudar a criar a próxima revolução industrial", disse Steve Blank[1] sobre o livro *The lean startup*[2], de Eric Ries.

Concordo plenamente com Steve Blank e digo mais: o desenvolvimento de produtos baseados no conceito de MVP é o pilar para esta nova revolução.

No livro *The lean startup*, Eric Ries apresenta o MVP como peça-chave do ciclo construir – medir – aprender, como ilustrado abaixo, onde o MVP está representado como o artefacto a ser construído.

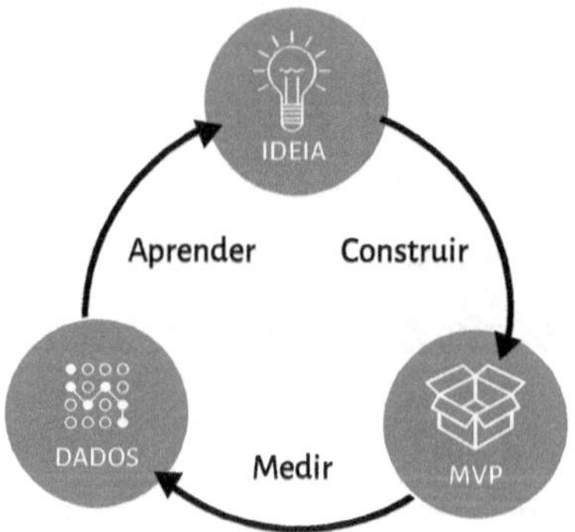

Após ser **construído**, o MVP é colocado à prova. Assim, teremos dados que possibilitarão **medir** o seu uso e, como tal, gerar a **aprendizagem** desejada.

---

1 Steve Blank é empreendedor e académico de empreendedorismo de Silicone Valley, Califórnia, USA. Disponível em: <*https://pt.wikipedia.org/wiki/Steve_Blank*>. Acesso em: jul. de 2020.

2 O livro foi lançado em Portugal pela editora Prime Books com o título *Lean Startup*. Neste livro mantivemos o título em inglês pois foi o exemplar consultado.

Considero o modelo baseado nas hipóteses de Jeff Gothelf e Josh Seiden (autores do livro *Lean UX*, 2013) muito eficiente para descrever o que procuramos **medir** e **aprender** com o MVP. Por exemplo, tenho usado o seguinte modelo:

> Nós acreditamos que este MVP vai conseguir_______________
> *(resultado esperado)*
>
> Saberemos que isso aconteceu com base em _______________
> *(métricas para validar as hipóteses do negócio)*

No movimento da Lean Startup, encontrei boas respostas sobre **aprender** e **medir**, mas sentia falta de algo para me guiar no "o que **construir**". Foi assim que surgiu a Lean Inception.

Ao experimentar diferentes atividades de *inception* e procurar apoio em Design Thinking, criei uma sequência de atividades para ajudar uma equipa a definir as funcionalidades do MVP.

Pouco tempo depois, partilhei essa sequência de atividades – como uma receita a ser seguida – com alguns colegas e recebi a confirmação de que também os ajudou. Aproveitei e pedi *feedback*, procurei melhorias, fiz alterações e fiz até pequenos ajustes na nomenclatura.

Depois de partilhar este conhecimento com centenas de pessoas e trabalhar o retorno recebido, surgiu – e evoluiu – o *workshop* Lean Inception: uma sequência de atividades para a criação de produtos de forma *lean* fortemente influenciadas por Design Thinking e Lean Startup.

Surgiram posts de blogue (em 2010), *workshop*, adendas, e-books e a primeira edição do livro impresso em português – o *Direto ao ponto*, em 2014. Depois de um ano a ouvir opiniões e a fazer melhorias, veio a 2ª edição do *Direto ao ponto*. De 2015 em diante passei a partilhar mais sobre Lean Inception em inglês e em espanhol (através de posts de blogues e e-books). E, em 2016, comecei a escrever o artigo Lean Inception[3] no site do Martin Fowler.

Nessa época, a Thoughtworks contava com mais de 5 mil consultores em 41 escritórios em catorze países. A partir do *feedback* do próprio Martin Fowler e de vários colegas da Thoughtworks e de outras organizações — entre eles Jonathan Rasmussan e Jeff Patton, os principais influenciadores do meu trabalho com *inceptions* —, melhorei a estrutura e o vocabulário do artigo e da Lean Inception. Este processo levou-me a publicar o livro **Lean Inception** em inglês, com uma nova organização e mais conteúdo.

Muitos meses de consciência patriota pesada (o conteúdo em inglês estava melhor e era mais atual do que o conteúdo em português) e mais *feedback* de muitas pessoas formadoras e facilitadoras de Lean Inception do Brasil resultaram neste livro nas suas mãos!

E agora, que mais?

Continuo muito envolvido com as Lean Inceptions, porém, ao focar-me em MVP, acabei por tocar em alguns outros assuntos relacionados com o tema, como: transformação digital, inovação, empreendedorismo, estratégia, entrega contínua, DevOps, entre muitos outros.

Há muito conteúdo relacionado com este tema, mas quero manter este livro conciso (*lean*). Por esse motivo, não pretendo adicionar-lhe mais conteúdo, mas sim adicionar esse conteúdo ao meu website, noutros e-books e noutras publicações. Mantenha-se a par das novidades em **www.caroli.org**.

Boa leitura e seja bem-vindo ao grupo das pessoas facilitadoras de Lean Inception!

---

3 Disponível em: <*https://martinfowler.com/articles/lean-inception/*>. Acesso em jul. de 2020.

CONSTRUIR O PRODUTO CERTO

COMECE PELA LEAN INCEPTION

Projetos ágeis enfatizam a entrega contínua e antecipada de um *software* valioso cujo valor vem dos objetivos de negócios e das necessidades dos clientes. Lean Startup corrobora isso através da disponibilização incremental de um MVP (*minimum viable product* ou produto mínimo viável) – uma versão simples do produto que é entregue aos utilizadores para validar as principais premissas do negócio.

Mas como decidimos o que precisa de estar no MVP para iniciar o projeto ágil o mais rápido possível? Como nos asseguramos que a equipa começa a criar o produto com um entendimento partilhado e um plano eficaz?

Foi exatamente para responder a essas questões que montei a Lean Inception.

INCEPTION, O COMEÇO DE UM PROJETO ÁGIL

Mesmo num projeto ágil, antes de simplesmente começar a fazer as tarefas, é preciso alinhar e definir os objetivos, as estratégias e o escopo do produto. Não queremos exagerar e definir o produto todo, mas na prática percebemos que é necessário fazer algo. Para a ThoughtWorks[4] – empresa referência em metodologias ágeis –, a *inception* é esse "algo". Desde que entrei na ThoughtWorks, em 2006, percebi que todos os projetos ágeis da empresa começavam de maneira

---

4 Consultoria global em tecnologia de informação (TI) que tem como foco o desenvolvimento ágil de *software*.

faseada. A equipa do projeto reunia-se durante algumas semanas e fazia muitas atividades antes de começar a entregar o trabalho: essa era a *inception*.

A *inception* da Thoughtworks foi desenvolvida principalmente por Luke Barrett, por volta de 2004. Jonathan Rasmusson (autor de *The Agile Samurai*) e Jeff Patton (autor de *User story mapping*) trabalharam na ThoughtWorks durante algum tempo. Eles descreveram e em seguida desenvolveram técnicas de inception nos seus livros, com os quais aprendi muito.

As *inceptions* variavam de projeto para projeto, mas geralmente forneciam alinhamento entre o negócio e o pessoal técnico e criavam uma lista organizada de histórias de utilizadores com estimativas, bem como um plano de lançamento do produto. Estava muito satisfeito a trabalhar como facilitador de *inceptions* ágeis desta forma até 2011, ano no qual o meu filho nasceu. O problema é que eu era o facilitador dos *workshops* de *inception*, que demoravam duas a quatro semanas e eu não podia ficar longe de casa durante mais de sete dias (não consigo ficar longe dos meus filhos durante tanto tempo!). Portanto, precisava de tornar as *inceptions* mais concisa, mais *lean*. De alguma forma, tinha que fazê-las acontecer em apenas uma semana.

Estava a viajar pela primeira vez depois do nascimento do meu filho, num longo voo de São Paulo para São Francisco e li o livro *The lean startup*, de Eric Ries. Com essa leitura, encontrei a forma perfeita de reduzir a duração da inception e voltar para casa ao fim de uma semana.

PORQUE É CHAMADA LEAN INCEPTION?

Este novo estilo de *inception* é definitivamente uma mudança em relação ao de 2006. Ao aplicar este novo estilo, o nome *inception* começou a passar a mensagem errada sobre o processo, ou seja, foi necessário encontrar um nome diferente.

O novo estilo de *inception* é **lean** por dois motivos:

1. A duração da *inception* é menor, eliminando tudo o que não diz respeito ao produto (como arquitetura, projeto etc.), deixando-a concisa.

2. O resultado final da *inception* é a compreensão do MVP, um conceito fundamental do movimento Lean Startup.

Assim, o novo estilo de *inception* tinha um novo nome: Lean Inception.

PORQUÊ FAZER UMA LEAN INCEPTION?

A Lean Inception é útil quando a equipa precisa de desenvolver um MVP e criar um produto de forma iterativa e incremental. Apesar do termo ser frequentemente mal-entendido, a característica principal de um MVP é que fazemos algo para perceber se vale a pena continuar a construir o produto. Assim, escolhemos funcionalidades que nos ajudem a validar o que é valioso para os nossos utilizadores. Para isso, precisamos de entender quem são os utilizadores, a que atividade precisam que o produto se adeque e como medir se estes acham o produto útil ou não.

Após facilitar mais de trezentas Lean Inceptions e acompanhar projetos e iniciativas antes e depois do *workshop*, descobri que este é muito valioso em duas situações principais:

1. Grandes projetos usam as Lean Inceptions para começar a trabalhar de forma *lean*, gerando valor mais rápido e com maior frequência. O *workshop* ajuda a escolher e validar as funcionalidades que são realmente valiosas para os seus utilizadores.

2. Organizações mais pequenas (como *startups*) usam as Lean Inceptions para tomar uma ideia que foi testada por alguns MVPs pré-*software* como ponto de partida e transformam-na num produto de *software*.

O *workshop* trata especificamente de alinhar um grupo de pessoas sobre um MVP. Ele não substitui as sessões de *brainstorming*, as entrevistas com os utilizadores, a pesquisa de mercado, a revisão da arquitetura, a análise da concorrência ou o quadro de mapeamento de projetos e negócios. É uma técnica específica que é parte do entendimento do que é necessário para construir um produto de sucesso. O encaixe da Lean Inception nestas outras atividades depende do contexto específico da sua organização e da iniciativa particular na qual está a trabalhar.

A AGENDA DE LEAN INCEPTION

A Lean Inception consiste numa série de atividades, geralmente programadas dentro de uma semana. A explicação de cada atividade está na seção "Atividades da Lean Inception".

EXEMPLO DE AGENDA

Este é um exemplo de agenda de uma Lean Inception. É importante lembrar que o programa pode variar, mas o modelo acima serve como bom exemplo de como as atividades devem fluir.

PRODUTO MÍNIMO VIÁVEL

Uma nova forma de criar e melhorar produtos, entregando somente o mínimo viável, tem sido fundamental para ajudar milhares de empreendedores a lançar produtos fantásticos. Veja exemplos de sucesso como o iPhone, o Facebook, o Spotify, o Airbnb, o EasyTaxi, entre vários outros. Os seus criadores trabalham desta forma desde o início, quando estes produtos ainda não eram (extremamente) famosos.

Os benefícios de entregar o mínimo viável irão ajudá-lo a levar o produto ao mercado muito mais rápido, a minimizar os gastos e a fazer o produto evoluir com base na necessidade real dos seus utilizadores

A excelente ideia de criar somente o mínimo viável de um produto tem um nome e apelido: produto mínimo viável e MVP (do inglês, *minimum viable product*), respectivamente.

MVP é a versão mais simples de um produto que pode ser disponibilizada para a validação de um pequeno conjunto de hipóteses sobre o negócio. Basicamente, o leitor não quer desperdiçar tempo, dinheiro e esforço a construir um produto que não vai corresponder às expectativas. Para isso, é preciso entender e validar as hipóteses sobre o negócio. O MVP ajuda nesta validação e na aprendizagem da forma mais rápida possível.

Diferentemente de produtos criados de forma tradicional, normalmente com um período longo de criação de protótipo, análise e elaboração, o objetivo do MVP é unicamente a validação do primeiro passo, do produto mínimo, significativamente menos elaborado do que a versão final. O MVP foca o mínimo – porém viável – para verificar se a direção está correta. Este é o conjunto inicial de funcionalidades necessárias para o processo de validação de hipóteses e aprendizagem sobre o negócio.

A ORIGEM

A ideia de MVP está originalmente vinculada às ideias popularizadas pelo estilo Toyota de produção *lean*. Steve Blank criou uma metodologia baseada no desenvolvimento do cliente. Isso foi o início do movimento Lean Startup, que teve seu ápex com Eric Ries e o lançamento do seu livro, com o mesmo nome do movimento.

Apesar de Eric Ries ter popularizado o MVP com a publicação do *The lean startup*, o termo já era usado vários anos antes do aparecimento do movimento, especialmente entre as *startups*, com os seus empreendedores e investidores de Silicone Valley. A expressão **minimum viable product** apareceu pela primeira vez em 2000, num artigo de Willian Junk, *O equilíbrio dinâmico entre custo, cronograma, recursos e qualidade em projetos de desenvolvimento de software*, em tradução livre.

INCREMENTOS VALIDADOS

MVP não significa que o produto não vá evoluir e que as suas funcionalidades não serão expandidas. Muito pelo contrário: a ideia por trás de MVP é um desenvolvimento validado e guiado pelos resultados iniciais.

A correção ou a confirmação do curso que foi desenhado inicialmenteé que vai guiar os próximos passos. Estes incrementos também são MVPs: novos produtos mínimos adicionados aos produtos mínimos já validados.

Sim, produtos mínimos mais uma vez, entretanto viáveis para fazer novas verificações sobre a direção do projeto. O produto, é agora mais desenvolvido, talvez com uma base maior de utilizadores, permitindo validar novas hipóteses, ainda mais elaboradas.

É muito importante compreender que o MVP promove uma criação evolutiva. Logo, a arquitetura, bem como as ferramentas de construção do produto, devem permitir a evolução gradual e contínua.

PENSE GRANDE,
COMECE PEQUENO,
APRENDA RÁPIDO!

Jez Humble e David Farley, em 2010, publicaram o livro *Continuous delivery* (em português, *Entrega contínua*). Nele, os autores elaboram um processo de entrega rápido e de baixo custo, permitindo a criação incremental de produtos de *software*. Eles definem *"continuous delivery"* como uma disciplina de desenvolvimento de *software* que promove entregas mais rápidas e com maior frequência.

Apesar de o livro *Continuous delivery* abordar em detalhe os produtos de *software* e o fluxo de trabalho para a sua criação, a essência da ideia de "entrega contínua" é a mesma que Eric Ries recomenda no livro *The lean startup*: ciclos rápidos para validação das hipóteses.

Ciclos rápidos e frequentes permitem tempos encubação muito curtos e com baixos custos de teste. Mas não é fácil implementar este tipo de abordagem. E os criadores de produtos ao estilo MVP vão precisar de estruturas e práticas diferentes daquelas que são utilizadas tradicionalmente para produtos com um ciclo lento.

Este livro foca-se nas atividades de análise e planeamento efetivo baseado em MVP. "Entrega contínua" é essencial para entender as ferramentas necessárias para produtos de *software*, via MVP. Porém, mesmo para outros tipos de produto, devem aplicar-se as técnicas e aprendizagens partilhadas pelos autores do livro *Continuous delivery*.

PEQUENAS HIPÓTESES, GRANDES NEGÓCIOS

O produto é construído de forma gradual, com funcionalidades validadas a serem adicionados ao produto consolidado já existente. A entrega contínua e incremental proporciona o aumento do valor do produto ao longo do tempo, enquanto o processo de criação tradicional não fornece qualquer valor até ao final, quando todo o projeto está pronto.

A figura ilustra como o MVP oferece pequenas validações ao longo do tempo — como se estivéssemos a subir uma escada, um degrau de cada vez — enquanto o estilo de criação do produto mais tradicional só oferece a validação do todo no final. Mas, por favor, lembre-se de que os passos para a validação de hipóteses dificilmente serão tão simples como um degrau após o outro.

Podemos criar uma outra metáfora: um MVP para atravessar um rio. Uma solução simples para atravessar um pequeno rio é colocar uma viga de madeira a ligar as margens. E isso é um excelente exemplo de MVP! Além de permitir a travessia, é uma maneira simples para validar o local para a construção da ponte. Coloque algumas vigas de madeira em diferentes locais do rio e verifique depois qual delas é a mais utilizada para a travessia.

O MVP promove uma abordagem incremental em que apenas uma pequena parte das hipóteses gerais são tratadas ao mesmo tempo. Cada uma das hipóteses é projetada, criada e preparada para ser adicionada ao produto, para gerar dados úteis para a tomada de decisão, aprendizagem e validação das mesmas.

Em essência, uma ideia (ou grandes hipóteses de negócio) é sequenciada numa série de hipóteses menores, mais simples e, portanto, mais fáceis de entender e concretizar. Como resultado, as hipóteses mais simples são elaboradas mais rapidamente e disponibilizadas no produto para o utilizador final. Por exemplo: se tivesse uma ponte neste local, quantos transeuntes a usariam por semana?

Neste caso, o utilizador final (ou quem valida o MVP) fornece dados para a validação do incremento do produto. A validação é essencial, por duas razões: 1. correções e mudanças podem ser feitas num estágio inicial do projeto, em vez de só aparecerem quando este estiver mais elaborado, reduzindo assim o risco do produto e 2. a complexidade de análise das hipóteses é reduzida.

Os criadores do produto e o utilizador final têm acesso antecipado a algo funcional e viável. Assim, as decisões dos próximos passos e incrementos do produto são baseadas no próprio produto, em vez de serem hipóteses sobre outras hipóteses. E esse padrão de trabalho permite a construção de produtos muito elaborados, com passos pequenos, porém bem fundamentados.

UM EXEMPLO DE EVOLUÇÃO VIA MVP

Como já foi dito, o produto é construído de forma incremental, com MVPs recém-criados sendo adicionados ao produto já existente e consolidado. O MVP recém-criado foi disponibilizado e tem um resultado positivo. Sendo assim, a equipa segue o plano de evolução e cria o próximo conjunto de funcionalidades para o produto.

 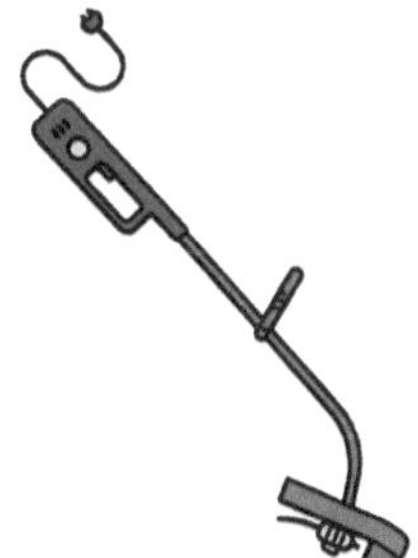 

Esta figura mostra como o MVP oferece validações pequenas ao longo do tempo, ao passo que a forma tradicional de criação de produtos só validaria o produto na sua versão final. Por exemplo, o trator cortador de relva representa o produto final.

A lâmina de cortar relva é o primeiro MVP. Existe alguma relva para cortar? Existe alguém para lidar com um aparelho de cortar-relva? A validação das hipóteses conduz à evolução do produto para o próximo estágio. Talvez algo mais conveniente: um aparelho de cortar relva com um cabo. E se tal aparelho tivesse rodas? E assim por diante, até que o produto evolua de MVP a MVP.

A validação mais importante, apesar de indesejada, é a resposta negativa. Existe alguma relva para cortar? Não. Em tal caso, a lâmina não vai ser usada. E digo mais, um excelente (e caro) corta-relvas também não seria usado. A hipótese é falsa, portanto um produto totalmente evoluído teria sido um grande desperdício de tempo e dinheiro!

O exemplo ilustra como o MVP promove uma abordagem gradual em que apenas uma pequena parte de uma ideia mais abrangente é tratada ao mesmo tempo. Cada um dos MVPs é concebido, criado e preparado para ser disponibilizado aos utilizadores. Em essência, uma ideia do produto é sequenciada numa série de validações menores, mais simples e, portanto, mais fáceis de entender, criar e validar.

VISÃO AMPLIA, PRODUTO MÍNIMO

É importante ter uma visão mais ampla sobre o produto: completo, abrangente, com diversas funcionalidades para muitos tipos de utilizadores, dando resposta a muitos objetivos do negócio.

Pense grande, comece pequeno, aprenda rápido!

É extremamente necessário ter uma visão ampla, pensar grande. Porém, deve começar pequeno. Dê um passo curto e aprenda com ele. Esse passo é o MVP.

O MVP serve para validar hipóteses, para falhar e aprender rápido. Nesse contexto, menos é mais. Não desperdice tempo, dinheiro e esforço a criar o produto errado.

O produto pode dar resposta a mais do que um objetivo de negócio, ser adequado a várias personas, ter muitas funcionalidades. Mas um MVP deve validar uma hipótese, comprovar uma ideia e verificar se realiza o que é esperado.

M é de mínimo, por isso, muito provavelmente, há somente uma hipótese, somente um pequeno aspeto do negócio, para um segmento específico de utilizadores, com apenas uma ou poucas funcionalidades.

Veja na imagem a seguir a representação de um produto elaborado via MVP. Cada caixa pequena é um MVP validado via *feedback* do uso, o interesse do negócio e as possibilidades técnicas.

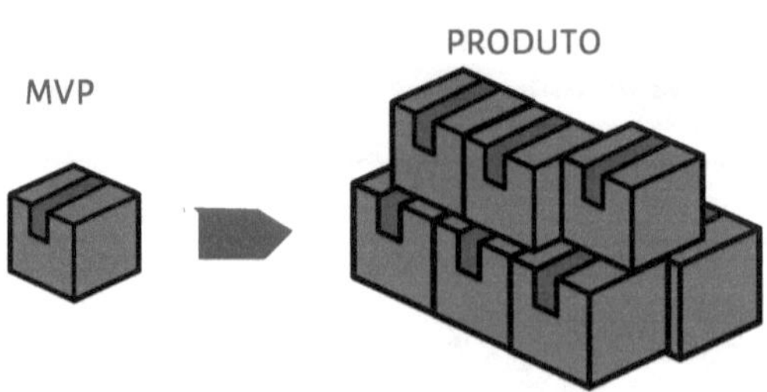

O produto vai crescer e ter mais funcionalidades (representadas na imagem como caixas empilhadas). Isso acontece de MVP validado em MVP validado. Ou seja, cada acrescento ao produto deve passar pela validação. Não acrescente ao produto algo que não tenha sido testado e comprovado.

VALIOSO, USÁVEL E FACTÍVEL

O MVP está na interseção entre valioso, usável e factível, representando, respetivamente, o interesse do negócio, a aceitação (e admiração) dos utilizadores e o que é possível construir.

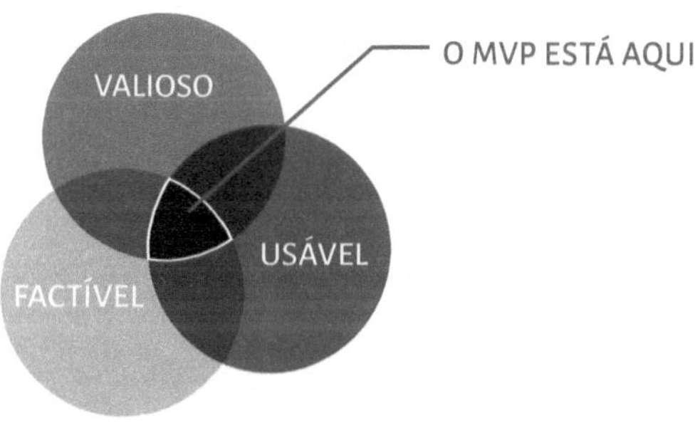

Valioso: Pessoas do negócio pensam no valor comercial de um produto. Tipicamente, essas pessoas têm uma visão do negócio e pensam nos MVPs como um passo a passo incremental para a criação do produto. Nesse contexto, as pessoas de negócio influenciam o MVP para que, mesmo sendo mínimo, já alcance o retorno de investimento esperado (ou pelo menos demonstre que está na direção desejada para o negócio).

Usável: Toda e qualquer funcionalidade deve ser elaborada segundo as necessidades, os desejos e as limitações dos utilizadores. Algo usável é baseado numa compreensão explícita das pessoas, das suas tarefas e dos ambientes em que estão inseridas.

O FATOR "UAU" É IMPORTANTE PARA UM PRODUTO DE SUCESSO E, PARA UM MVP, É MAIS IMPORTANTE AINDA!

Factível: A solução proposta para corresponder às necessidades do negócio dos utilizadores só faz sentido se for exequível, se existir tecnologia e conhecimento para a elaboração da mesma. Não faz sentido definir um MVP se não souber como ele será construído.

O FATOR "UAU"

O fator "uau" é aquilo que diferencia o produto no mercado, aquilo que conquista os seus utilizadores e os transforma em ávidos promotores do produto. Aquilo que, literalmente, faz as pessoas dizerem "uau!"

Pense no iPhone quando foi lançado: tinha o fator "uau". Os seus utilizadores diziam: "UAU! ecrã completo *touch screen*... é incrível!".

Pense nas primeiras pessoas que chamaram um táxi através de um website. Elas disseram: "UAU, foi só colocar a minha morada, clicar o.k. e o táxi chegou!".

O fator "uau" é importante para um produto de sucesso e, para um MVP é mais importante ainda! Veja o exemplo do iPhone 1, o MVP do iPhone: não tinha aplicações de terceiros (a plataforma de aplicações não estava ainda pronta) nem integração de GPS e as chamadas e conectividade eram piores do que nos aparelhos concorrentes.

Mas o iPhone 1 tinha o fator "uau". As pessoas usavam e davam *feedback*. Os utilizadores — os *early adopters* — eram os principais promotores do produto.

As pessoas fizeram fila para o lançamento do iPhone 2, do iPhone 3, e assim por diante. Isto por causa do fator "uau", que transforma utilizadores em promotores, ampliando as expectativas e o desejo para o próximo lançamento.

Deve ser assim com os MVPs. Cada um deve ter os fatores factível, valioso, usável e "uau".

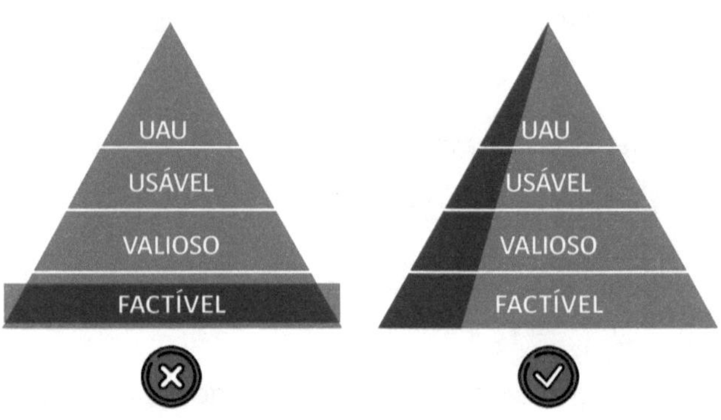

A ilustração acima reitera a importância destes quatro fatores. O MVP é uma fatia fina do produto, contendo cada fator.

Não pense nele como uma camada do produto (a figura à esquerda); por exemplo, não entregue primeiro o que é factível, para depois elaborar outro fator, depois outro e, por fim, procurar o fator "uau".

Construa o MVP conforme demonstrado na figura à direita, uma fatia pequena da visão do todo, que contempla os quatro fatores.

> Não é por entregar um MVP que o produto é mau, simplório, ineficaz. Não confunda inacabado com mau, simples com simplório, incompleto com ineficaz. O MVP deve ser factível (de ser criado), facilmente usável, gerar muito valor e ser incrível ("uau")!

Outro exemplo de MVP com fator "uau" é o Facebook. Mas é necessário analisar o início do Facebook, o MVP. Veja nas imagens a seguir o início do Facebook, ou melhor, o início do The Facebook.

O início do Facebook ilustra a ideia de uma fatia fina de MVP. Veja como era simples, inacabado, incompleto. Simultaneamente, era factível, usável, tinha valor e era incrível. Uau, os utilizadores queriam mais!

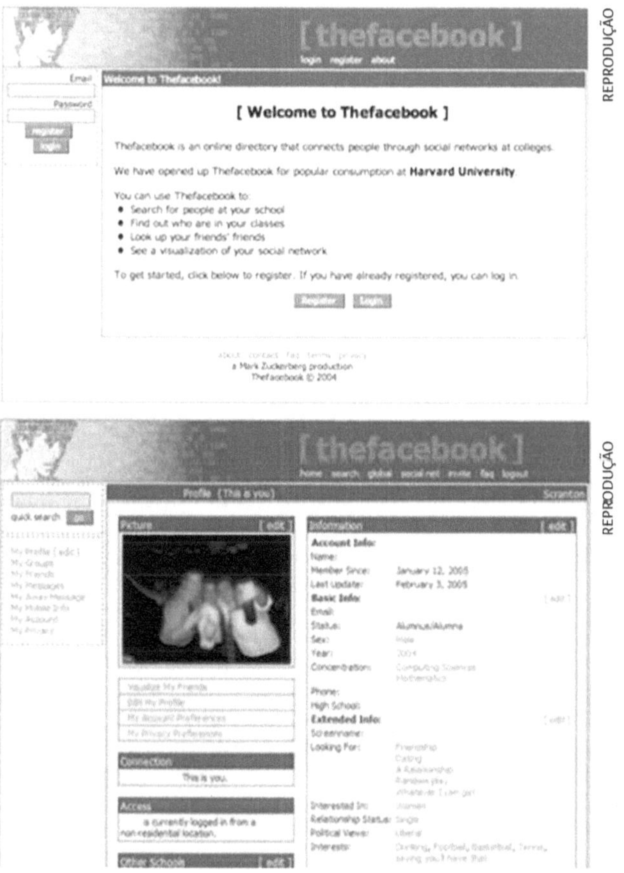

Reproduções de ecrãs de abertura e de perfil de utilizador no Facebook, em 2004

O MVP deve ser factível (de ser criado), facilmente usável, gerar muito valor e ser incrível – Uau!

CUIDADO PARA NÃO ESTRAGAR

As impressões iniciais dificilmente são desfeitas. A primeira impressão é muito importante. Deve querer causar uma boa impressão do seu produto, do seu MVP. Deverá querer o fator "uau". E deverá procurar evitar o oposto: uma falha que pode deixar marcas.

"Errar e aprender rápido", tenha muita cautela ao usar esta frase. Existem erros e erros. Ninguém quer um erro grande, aquele que não tem solução e deixa o seu cliente com uma péssima impressão.

"Validar e aprender rápido" – prefiro esta frase. O leitor vai criar um MVP que o ajude a validar algo, mas que não deixe o utilizador "desistir" por causa de erro do seu produto.

Considere novamente o exemplo da ponte de madeira. O MVP serviu para validar se alguém atravessaria o rio numa viga de madeira. Também ajudou a identificar o melhor local para colocar a viga, a ponte. Mas o produto evoluiu. E o leitor validou cada MVP, cada hipótese: Será que ciclistas ou transeuntes de mota também usariam essa ponte de madeira? E os veículos de quatro rodas?

E a sua ponte evoluiu, de MVP em MVP... Até ter caído! A ponte de madeira aguenta o peso dos carros, mas não aguenta o de um camião e por isso caiu! Se a tivesse projetado e construído de forma tradicional, já considerando todos os veículos da região, talvez tivesse construído uma ponte de cimento e ela não tivesse caído.

Que cenário difícil, certo? A argumentação esconde os benefícios de trabalhar com MVP! Porém, lembre-se de que o MVP tem um V, de viável. O produto minimamente viável para algo. Uma ponte de madeira que não suporta cinco toneladas não pode receber nenhum veículo com mais que cinco toneladas.

Colocar uma placa "Peso máximo: cinco toneladas" não é suficiente. Uma balança antes da ponte pode identificar um camião com mais de cinco toneladas. Talvez uma balança e uma cancela que feche ao identificar um veículo acima do peso permitido. Mais duas funcionalidades que, adicionadas ao MVP, evitariam esse erro.

ASSIM DEVE SER
COM OS MVPs.
CADA UM DEVE TER
OS FATORES FACTÍVEL,
VALIOSO, USÁVEL
E "UAU".

No entanto, a ponte também vai cair se dois camiões de três toneladas a atravessarem ao mesmo tempo. Compreende a dificuldade técnica? Aliás, dificuldade de usabilidade e que envolve o negócio.

Não vamos discutir aqui a solução para o desafio: validar se veículos pesados também precisam e conseguem usar a ponte sem fazê-la cair. Existem diversos caminhos a ser seguidos, mas o que importa é que o exemplo é uma metáfora para ajudá-lo na reflexão do seu produto, do seu MVP.

São parte do MVP as funcionalidades que vão permitir que a ponte não caia. Se cair, não era um MVP. Era menos do que isso, pois não era viável e os seus utilizadores não deveriam ter sido expostos a ele. O leitor não pode deixar a ponte cair.

LEGADO E BLOCO ORGANIZADOS

Às vezes, o novo produto é uma nova versão de algum legado, algo já existente mas que precisa de melhorias. Ou o produto evolui tão rapidamente que a sua arquitetura, i.e. a estrutura interna, mesmo que bem elaborada, precisa de ser organizada. Tipicamente, produtos nesta categoria são representados como blocos e camadas logicamente empilhadas.

O MVP, mesmo que incompleto do ponto de vista do produto final, deve respeitar os blocos e as camadas que representam a estrutura do produto.

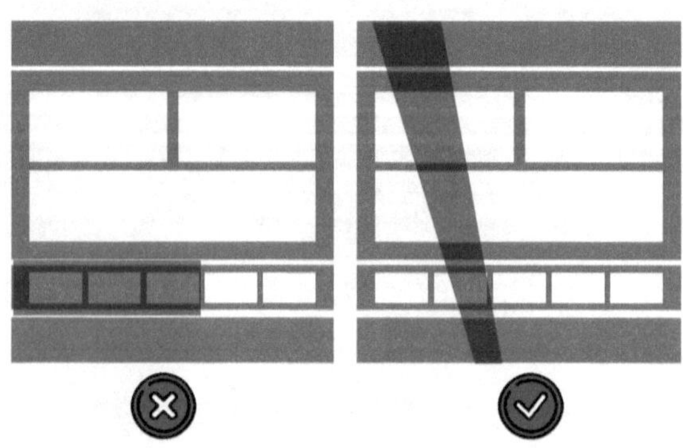

Conforme ilustrado na figura à esquerda, o MVP não deve ser elaborado bloco a bloco até compor todo o produto. Elabore-o conforme ilustrado na imagem à direita. Respeite a arquitetura, mas construa o MVP de uma ponta à outra, com uma experiência completa.

Ou seja, o produto não é arquitetado bloco a bloco, mas sim de MVP a MVP, de forma a que os arquitetos dos blocos (as pessoas técnicas que decidem as partes internas do produto) ampliem a estrutura do produto conforme a evolução dele.

FUNIL DE VENDAS — AARRR

O funil de vendas é uma representação do fluxo e da quantidade de pessoas no processo de venda, da aquisição à referência.

AARRR (ou métricas de pirata) é um acrónimo de métricas de funil criado por Dave McClure para melhor compreender e atender às necessidades dos consumidores do seu produto ou serviço.

Essas cinco métricas — Aquisição, Ativação, Retenção, Receita e Recomendação, que formam o acrônimo AARRR — representam as interações do cliente com o produto.

Segundo Dave, uma *startup* de sucesso é capaz de otimizar cada uma destas cinco métricas. Ele recomenda que as recolha e analise separadamente.

- » **Aquisição:** número de pessoas que visitaram seu produto ou serviço.
- » **Ativação:** número de pessoas que tiveram uma boa experiência inicial.
- » **Retenção:** número de pessoas que voltaram para saber mais.
- » **Receita:** número de pessoas que participaram ou mostraram *engagement* em alguma atividade criadora de receita
- » **Recomendação:** número de pessoas que recomendaram o produto/serviço a outros utilizadores.

Um MVP deve validar todas as etapas do funil de vendas, como ilustrado na imagem à direita.

> Cuidado para não insistir num negócio que não converte, i.e. num falso positivo.
>
> Falso positivo é algo que apresenta um bom início, mas que nunca se converte num bom negócio, com muita receita e muitas recomendações.
>
> Esse cenário arriscado está ilustrado na imagem à esquerda, em que um MVP contempla apenas uma etapa do funil de vendas.

FAÇA UMA LEAN INCEPTION!

"Para cada problema complexo, há uma resposta clara, simples e errada."

— H. L. Mencken.

Porém, não é nada fácil elaborar o MVP. Ter uma visão ampla do produto e do negócio, validar uma hipótese, elaborar os incrementos, conter os fatores factível, usável, valioso e "uau", organizar blocos que se encaixem, contemplar todo o funil de vendas... Este livro partilha anos de experiência a auxiliar grupos de pessoas a alinhar o MVP de forma colaborativa e com diferentes perspetivas. É isso que acontece numa Lean Inception!

PREPARAR-SE PARA O *WORKSHOP*

LEAN INCEPTION: O *WORKSHOP*

Numa única semana de trabalho colaborativo, a equipa vai definir os objetivos do produto, os principais utilizadores e o escopo funcional de alto nível, de modo a que a duração do projeto possa ser estimada e uma estratégia de lançamento incremental de MVPs possa ser identificada.

Durante a Lean Inception, são feitas atividades dinâmicas para estabelecer objetivos, estratégias e definição do produto, bem como mapear e priorizar as funcionalidades desejáveis para serem entregues gradualmente, construindo os MVPs. O principal objetivo do *workshop* é fazer com que a equipa descubra e compreenda coletivamente o que vai ser desenvolvido. No final, o grupo deve estar mais próximo e deve obter uma visão clara do caminho a ser seguido.

O *workshop* Lean Inception direciona os participantes a entender e planear a entrega incremental do produto, focando-se no MVP. O *workshop* organiza ideias e recursos num modelo que procura estabelecer a finalidade principal do produto, considerando as jornadas dos utilizadores para elaborar as entregas incrementais de produtos viáveis. Como um livro de receitas, com uma sequência de atividades rápidas e eficazes, a Lean Inception vai permitir que a equipa:

» Descreva a visão do produto.

» Priorize os objetivos do produto.

- » Descreva os principais utilizadores, os seus perfis e as suas necessidades.
- » Explore as principais funcionalidades.
- » Compreenda os níveis de incerteza, esforço e valor para o utilizador, bem como o valor de negócio por funcionalidade.
- » Descreva as jornadas mais importantes dos utilizadores.
- » Crie um plano de entrega incremental do produto, impulsionado pelo conceito de MVP.

A seguir vamos explorar os conceitos fundamentais para a Lean Inception e a próxima seção vai detalhar as atividades que permitem alcançar cada uma dessas ações.

COLABORAÇÃO

Colaboração é o ato de trabalhar em conjunto para realizar uma tarefa e alcançar objetivos comuns. O sucesso de uma Lean Inception está diretamente relacionado com a capacidade do grupo envolvido de colaborar eficazmente em cada atividade descrita neste livro.

A Lean Inception propõe um processo colaborativo de descoberta e esclarecimento no qual as pessoas envolvidas trabalham juntas numa sequência de atividades para compreender opções e elaborar o MVP. As atividades apresentadas a seguir representam métodos estruturados de colaboração, procurando estabelecer um ambiente criativo, com partilha de conhecimento, aprendizagem e construção de alinhamento. As atividades visam aumentar o sucesso das equipas, a trabalhar a forma como elas se envolvem na resolução de cada passo em direção ao MVP.

DIVIRTA-SE COM QUEBRA-GELOS

Nunca subestime o poder da diversão! Através da diversão e do riso, os seus níveis de stress diminuem significativamente e estará muito mais aberto a trabalhar com outras pessoas. Quando está feliz e relaxado, também está muito mais aberto a tentar coisas novas e, assim, aumentar a sua participação num *workshop* altamente interativo – a Lean Inception.

Pessoas altamente envolvidas, participativas e que estão a divertir-se são mais bem-sucedidas nas atividades de grupo. Tendo isso em mente, precisa de quebrar o gelo e elevar o estado de espírito dos participantes. Quebra-gelos ajudam a criar um ambiente amigável e colocam as pessoas mais confortáveis para participar nas atividades propostas.

Quebra-gelos são atividades rápidas e divertidas que podem ser executadas para aquecer a equipa e promover a interação do grupo. São excelentes atividades para começar qualquer tipo de reunião. São ainda mais valiosas para as fases iniciais de formação de equipas, quando as pessoas pouco se conhecem, o que tipicamente é o caso de muitas Lean Inceptions.

Deve selecionar uma atividade quebra-gelo específica para o momento em questão. Nos primeiros dias, recomendo atividades que se concentram em partilha de informação, tal como nomes e *hobbies*. Após o almoço, deve selecionar quebra-gelos para despertar as pessoas. Deve também utilizar os quebra-gelos com mensagens simples, tais como "se alinharmos forças, torna-se mais fácil alcançar o objetivo" ou "documentação escrita não é o suficiente". Além de serem divertidas e energéticas, as atividades de quebra-gelo ajudam a transmitir mensagens importantes.

Segue um exemplo de quebra-gelo bom para partilhar nomes. Encontrará mais atividades no anexo "Atividades quebra-gelo".

PAULO PONTUAL

Esta é uma atividade rápida para ajudar os membros da equipa a lembrar-se do nome dos colegas. Como funciona:

1. Peça aos participantes para pensarem num adjetivo que comece com a mesma letra dos seus nomes.

2. Forme um círculo e peça para cada pessoa se apresentar, dizendo seu nome e o adjetivo escolhido, um de cada vez. Por exemplo: "Olá, eu sou o Paulo Pontual"!

3. Depois de todos falarem, peça para que, no sentido dos ponteiros do relógio, apresentem o colega ao seu lado.

4. Depois de algumas voltas, peça que os participantes repitam o passo 3, agora no sentido contrário aos ponteiros do relógio.

Além de provocar alguns gargalhadas e quebrar o gelo, a atividade também ajuda a equipa a associar os nomes das pessoas a algum adjetivo, tornando mais fácil recorda-los.

COLOCAÇÃO

Não subestime o valor da interação face a face. Tecnologias inovadoras, como videoconferências e documentos partilhados, facilitam o trabalho remoto entre as pessoas. No entanto, a interação face a face durante a Lean Inception possibilita o trabalho árduo nas atividades. É a garantia de que todos estarão presentes e participativos.

Quando estão todos na mesma sala, o nível de participação aumenta. O participante não pode simplesmente sentar-se num canto e virar as costas para a reunião ou fazer outra tarefa. *Workshops* presenciais tendem a ser mais curtos e eficientes do que *workshops* remotos.

Entendimentos e desentendimentos são mais facilmente compreendidos. As expressões faciais e corporais somam-se à comunicação escrita e verbal. No geral, *workshops* face a face criam melhores ambientes de trabalho colaborativo, o que é essencial para a Lean Inception.

A sequência de atividades para se alcançar o MVP é extensa. A colaboração e os resultados obtidos são positivamente surpreendentes quando todos estão física e mentalmente no mesmo ambiente. Faça todos os possíveis para ter todos os envolvidos no mesmo lugar, interagindo cara a cara durante a Lean Inception.

A SALA DE GUERRA

Mantenha a mesma sala alocada à equipa durante o intenso período da inception. Ela é frequentemente chamada de *war room*, ou, em português, *a sala de guerra*.

A sala deve ter capacidade para albergar toda a equipa confortavelmente. Deve ter mesa e parede com espaço limpo, além de *flip charts*, cartões, *post-its* coloridos, papéis e canetas para todos os participantes.

A sala de guerra dá o tom para o ambiente das atividades colaborativas. Também evita quaisquer perdas de tempo que acontecem quando as pessoas precisam de se deslocar de uma sala para outra. Todas as informações são criadas e permanecem no mesmo lugar.

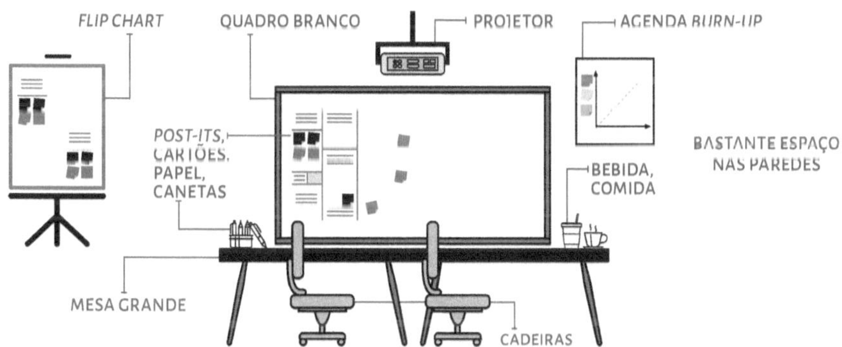

É importante manter a informação na mesma sala — isso evita o seu transporte. Todos podem e devem fazer as anotações à mão (cartões de índice, *post-its*, *flip charts* etc.) e colocá-las nas paredes e na mesa, de forma a que a informação fique visível para todos.

POST-ITS COLORIDOS

Faça as anotações em *post-its* ou cartões coloridos. Escreva neles e coloque-os na mesa ou na parede. Reúna as pessoas ao seu redor. Fale sobre eles. Escreva um pouco mais. Agrupe-os. Separe-os. Rasgue-os e escreva de novo. Faça uso de cores. Reorganize-os. A colaboração gerada a partir de um aparato tão simples não consegue ser alcançada por qualquer alternativa digital.

Não há substituto para as ações de escrever, reescrever, agrupar ou rasgar *post-its* coloridos. Isso promove a interação entre as pessoas e ajuda no processo criativo de teste e experiência, no qual o caminho é construído, sem medo de tentar, errar ou refazer. Assim que a informação vai para o computador, não volta para o papel. Isso reduz a interação entre as pessoas, pois não há nada em cima da mesa ou nas paredes visível para todos e que possa facilmente ser rasgado, reagrupado ou reescrito.

O PAPEL DA PESSOA FACILITADORA

Workshops bem orquestrados têm duas coisas em comum: 1. alguém pensou na sua estrutura e 2. alguém facilitou e organizou o mesmo. Este livro também descreve uma boa estrutura para um *workshop* de Lean Inception. Esta seção revela algumas considerações sobre a pessoa facilitadora do mesmo.

A pessoa facilitadora da Lean Inception funciona como um guia que lidera as discussões dos participantes durante o *workshop*. Para isso, o facilitador

A **LEAN INCEPTION** PROPÕE UM PROCESSO COLABORATIVO DE **DESCOBERTA E ESCLARECIMENTO**, NO QUAL AS PESSOAS ENVOLVIDAS **TRABALHAM JUNTAS** NUMA SEQUÊNCIA DE ATIVIDADES PARA COMPREENDER OPÇÕES E ELABORAR O MVP.

possui muita familiaridade e experiência com o formato da Lean Inception, a sua natureza colaborativa e a sequência de atividades que serão realizadas.

Porém, o papel de liderar a discussão não necessita que o facilitador seja o participante principal. Muito pelo contrário. O facilitador deve ser um mediador, aquele que propicia o fluxo de ideias e conversas ativas entre todos os participantes, os principais interlocutores do *workshop*.

Consequentemente, o trabalho da pessoa facilitadora é garantir que os participantes têm responsabilidade, liderança e colaboração ao longo de todas as atividades planeadas.

Mas como fazer isto? Seguem algumas características do trabalho do facilitador durante o *workshop*:

» O facilitador deve exercer um maior nível de participação verbal quando apresentar as atividades, explicando o processo da Lean Inception e também respondendo a dúvidas sobre o que se espera durante o *workshop* e suas atividades.

» Durante as diversas discussões que surgirão, o facilitador deve tomar uma posição completamente neutra, sem intervir de forma alguma durante a tomada de decisões. Pelo contrário, o foco do facilitador durante as discussões é ajudar o grupo a seguir as atividades, identificando as necessidades, resolvendo problemas e tomando decisões sobre eles.

» Para alcançar os objetivos, o facilitador deve fornecer estrutura para as atividades e interações dos participantes, de tal forma que possam alcançar os resultados esperados em cada atividade de maneira eficaz.

» Durante todo o processo de Lean Inception, o facilitador utiliza diversas técnicas para dar fluidez às conversas e finalizá-las alcançando os resultados esperados (formação do aquário e técnica do pomodoro,[5] por exemplo).

» O facilitador domina o uso de tudo o que for necessário no *workshop*: *post-its*, cartões e quadros visuais (físicos ou seus equivalentes em ferramentas remotas). Também consegue planear e organizar o espaço disponível, maximizando para colaboração e co-criação.

Noutras palavras, o objetivo do facilitador é dar suporte aos membros para que possam participar eficazmente em cada atividade e interação planeada no *workshop*, dedicando-se ao processo e ao conteúdo, e assegurando-se de que este é gerado de acordo com as expectativas e metas.

Veja mais algumas técnicas de facilitação para Lean Inception em www.caroli.org/tecnicas-facilitacao-lean-inception.

ESTACIONAMENTO

O "estacionamento de ideias" ajuda a arquivar momentaneamente quaisquer itens, ideias ou questões que são levantadas durante uma conversa ou atividade da Lean Inception, mas não são úteis para a discussão naquele momento específico. É uma ferramenta essencial para a pessoa facilitadora, pois proporciona uma maneira educada de dizer "sim, eu ouvi, mas esta conversa fica para depois".

---

5   *A técnica de gestão de tempo Pomodoro.* Disponível em <https://pt.wikipedia.org/wiki/T%C3%A9cnica_pomodoro>. Acesso em: jul. de 2020.

> *Parking lot* é o termo frequentemente utilizado para tal ferramenta. Uma vez, utilizei o termo em inglês e pedi para um colega escrevê-lo numa folha de *flip chart*. O colega entendeu o conceito, entretanto escreveu em português: "parque de estacionamento". Desde então, tenho revezado, às vezes escrevo *parking lot*, outras escrevo "parque de estacionamento", mas ambos representam a folha para estacionar as conversas.".

O facilitador deve introduzir o conceito de estacionamento de conversas no início da Lean Inception ou assim que houver o primeiro desvio de assunto. Escreva "Estacionamento" ou *"Parking lot"* num *flip chart* e coloque-o numa parede na sala de guerra. Se o item em discussão ainda não estiver escrito num *post-it*, escreva-o e coloque-o no estacionamento. Certifique-se de que explica brevemente o conceito de estacionamento e regresse à atividade em questão. É importante ser assertivo com os participantes da Lean Inception sobre o estacionamento: "A conversa estava a desviar o foco da atividade em questão e por isso tal item foi para o estacionamento."

Todavia, é igualmente importante ouvir e respeitar as opiniões, ideias e pensamentos dos participantes. Portanto, o estacionamento deve ser utilizado conforme prometido: "Este item está estacionado por agora, mas vamos voltar a falar dele mais tarde".

De facto, no final de cada dia da Lean Inception, deve usar dez minutos para rever os itens no parque de estacionamento. Assim, uma de duas ações será tomada para cada item: 1. o item é removido do estacionamento (o tema já foi abordado ou já não precisa de ser resolvido) ou 2. o item permanece no estacionamento para a próxima revisão.

A última revisão deve acontecer no final da *inception*. Na última avaliação é muito importante esclarecer todos os itens remanescentes e partilhar com todos o que vai acontecer-lhes.

AS AGENDAS

A AGENDA *BURN-UP*

A agenda *burn-up* ajuda com a gestão de tempo e escopo de uma Lean Inception. Ter um programa visível para todos reforça o compromisso e gera confiança na gestão de tempo e no progresso da Lean Inception. É uma ferramenta simples e eficaz para planear e facilitar o *workshop*.

> Agendas *burn-up*[6] surgiram em intensos *workshops* de *brainstorming*, como *inceptions* e sessões de ideias. Mesmo que os *workshops* realizem *brainstorming* de ampla discussão, normalmente têm um limite de tempo e devem cobrir vários tópicos e atividades para conseguir o resultado desejado.

A Lean Inception é um *workshop* colaborativo com sessoes de *brainstorming* e muita conversa, que geralmente acontece ao longo de uma semana. Por isso, é essencial controlar o tempo e o progresso do mesmo. Os facilitadores de Lean Inception criam e explicam a agenda *burn-up* logo nas primeiras horas do primeiro dia do *workshop*.

---

6   Leia mais sobre agenda *burn-up*. Disponível em: <www.caroli.org/agenda-burnup>. Acesso em: jul. de 2020.

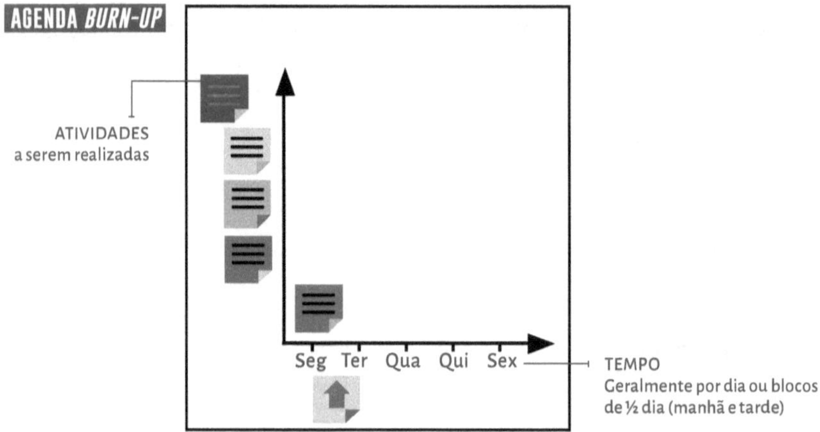

Aqui está o passo a passo para criar a agenda *burn-up* da Lean Inception:

1. Desenhe num quadro branco ou numa folha A3 um gráfico XY conforme ilustrado acima.

2. Anote em *post-its* separados as atividades da sua Lean Inception (exemplo: visão do produto, É - Não é - Faz - Não faz, personas, *brainstorming* de funcionalidades, revisão, jornadas, sequenciador e quadro MVP).

3. Coloque as atividades de baixo para cima no eixo Y (primeira visão do produto, seguida por É - Não é - Faz - Não faz, assim por diante).

4. Anote em *post-it* separados os blocos de tempo da sua Lean Inception (como geralmente dura uma semana, os blocos de tempo são definidos como: segunda-manhã, segunda-tarde, terça-manhã etc.).

5. Coloque os blocos de tempo no eixo Y.

6. Desenhe uma seta (vertical, para cima) noutro *post-it* e coloque-a no início do tempo (segunda- manhã).

7. Explique ao grupo como usar a agenda *burn-up*.

Consulte o cartaz da agenda *burn-up* e outros cartazes úteis para a Lean Inception em: **www.caroli.org/cartazes-lean-inception**.

> Há dois movimentos básicos para os *post-its* e ambos são movimentos horizontais: 1. para atualizar o "relógio": o *post-it* com a seta que representa a hora atual deve ser movido para a direita, até à posição que representa a hora atual. 2. para indicar o fim de uma atividade: o respetivo *post-it* da atividade deve ser movido para a direita, até à posição que representa a hora atual.

O mecanismo de movimento dos *post-its* permite identificar, de imediato, um desvio na duração para das atividades da Lean Inception e um possível atraso do *workshop*. Assim que constatado, o problema deve ser discutido e ações corretivas (fazer atividades em paralelo, reduzir conversas, fazer mais uso do *parking lot* etc.) devem ser tomadas ainda num estágio inicial e não quando é tarde demais.

AGENDA DA SEMANA

A agenda *burn-up* fornece uma boa estrutura para o sequenciamento de sessões e atividades abertas de *brainstorming*, acompanhando o progresso geral do tempo.

Sugiro que utilize a agenda *burn-up*. Considere ainda que algumas pessoas, especialmente as que não vão estar totalmente dedicadas ao *workshop*, precisam de ter um *overview* da semana. Por este motivo, partilho o *template* de agenda para a Lean Inception, também disponível em: **www.caroli.org/agenda-lean-inception**.

A AGENDA *BURN-UP* AJUDA COM A GESTÃO DE TEMPO E ESCOPO DE UMA LEAN INCEPTION. TER UMA VISÍVEL PARA TODOS REFORÇA O COMPROMISSO E GERA CONFIANÇA NA GESTÃO DO TEMPO E NO PROGRESSO DA *INCEPTION*.

LEAN INCEPTION - EXEMPLO DE AGENDA

O modelo de agenda planeada apresenta dois tipos de sessões (em cores distintas na ilustração anterior), que correspondem aos níveis de participação: *stakeholders* ou membros ativos.

» *Stakeholder* é qualquer pessoa impactada pelo projeto. São pessoas altamente interessadas na direção e no resultado da Lean Inception, mas que não têm tempo para participar em todas as sessões. Por exemplo: patrocinadores, utilizadores finais, departamentos legal, de vendas e de marketing.

» Membro ativo é qualquer pessoa diretamente envolvida na compreensão e implementação do produto. São as pessoas que devem participar ativamente em todas as sessões do *workshop*. Por exemplo: *product owners, developers, testers* e especialistas na experiência do consumidor.

Note na figura da agenda planeada que as atividades de *kick-off* e *showcase* do *workshop* estão marcadas com outras cores no início e no final da semana, respectivamente. No mundo ideal, todos estarão presentes na sala de guerra durante a semana. No entanto, raramente temos a disponibilidade de agenda total dos *stakeholders*. O mínimo necessário é que eles participem nas sessões de *kick-off* e *showcase*, onde são, respectivamente, apresentadas as expectativas para a semana e o resultado obtido pela equipa dedicada ao *workshop*. Os restantes dias são reservados para uma sequência de atividades intensas.

CHECKLIST PARA LEAN INCEPTION

A lista a seguir é projetada para auxiliar o processo de planeamento da Lean Inception. Certifique-se de ter todos os itens programados antes de iniciar uma criação:

( ) Participantes selecionados e convidados (*stakeholders* e membros ativos).

( ) Formador experiente.

( ) Reserva de sala (manter a mesma sala durante todo o período da *inception*).

( ) Materiais: *flip chart*, cartazes, **cartões**, *post-it*, papel A4 e canetas para todos.

( ) *Snacks* e café para os intervalos.

ATIVIDADES DA LEAN INCEPTION

VISÃO DO PRODUTO

Com a ajuda de uma visão clara do produto, pode determinar quais são as primeiras peças do seu quebra-cabeças do negócio e como é que estas se vão juntar. Deve decidir que características do produto vão ser exploradas no caminho inicial e qual será a sua estratégia de posicionamento.

Entre a ideia e o lançamento, a visão do produto ajuda a trilhar o caminho inicial. Esta define a essência do seu valor de negócio e deve refletir uma mensagem clara e convincente para os seus clientes. Esta atividade vai ajudá-lo a definir a visão do produto de modo colaborativo.

TEMPLATE DA VISÃO DO PRODUTO[7]

Para [cliente final],

cujo: [problema que precisa de ser resolvido],

O: [nome do produto]

é um: [categoria do produto]

que: [benefício-chave, razão para adquiri-lo].

ao contrário do: [alternativa da concorrência],

O nosso produto: [diferença-chave].

7   MOORE, Geoffrey A. *Template* "A visão do produto", descrito no livro *Crossing the Chasm*: Marketing and selling disruptive products to mainstream customers, HarperBusiness, 2014.

PASSO A PASSO DA ATIVIDADE

1. Escreva o *template* visão do produto num quadro branco ou *flip chart*, de forma a que seja visível para toda a equipa.

2. Divida a equipa em grupos mais pequenos e solicite que cada um deles preencha uma lacuna separadamente (ou mais, dependendo do tamanho da equipa).

3. Reúna o resultado de cada grupo, formando uma única frase.

Nesta atividade, é muito comum que o resultado seja uma frase desconexa. Depois da execução do terceiro passo, é importante que o grupo trabalhe em conjunto para formar uma frase homogénea, utilizando e alterando os resultados anteriores, conforme necessário.

O PRODUTO É – NÃO É – FAZ – NÃO FAZ

Muitas vezes é mais fácil descrever o que alguma coisa não é ou não faz. A atividade É - Não é - Faz - Não faz (ENFN, abreviado) procura gerar classificações sobre o produto seguindo as quatro diretrizes, indagando especificamente cada aspeto positivo e negativo sobre o produto ser ou fazer algo.

PASSO A PASSO DA ATIVIDADE

1. Divida um quadro branco ou *flip chart* em quatro áreas (É / Não é / Faz / Não faz).

2. Escreva o nome do produto em destaque, acima dos quadrantes.

3. Solicite que cada participante descreva o produto, escrevendo as características em *post-its* e colocando-os nas áreas devidas.

4. Leia e agrupe as notas semelhantes.

O produto é...

O produto não é...

O produto faz...

O produto não faz...

NOSSO PRODUTO

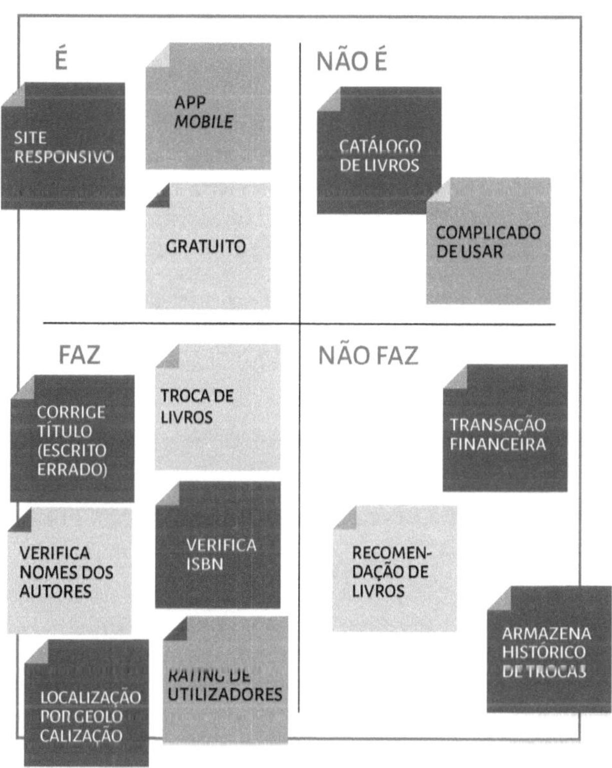

Esta atividade ajuda a esclarecer o produto. Geralmente, após realizar esta atividade, os participantes terão uma visão mais alinhada tanto sobre o que o produto faz, quanto sobre o que o produto não faz. Decisões estratégicas podem ser clarificadas, como "produto *nunca* vai fazer tal coisa", enquanto que "esta outra característica o produto *ainda não* deve fazer".

> **DICA:** uma vez, num *workshop*, perguntaram-me a diferença entre "é" e "faz". Uma participante do *workshop* — Aurineide Cavalcante — deu uma resposta simples e eficaz: "para descrever o produto como substantivo ou adjetivo, coloque o *post-it* no 'É'; mas se for um verbo, indicando uma ação, coloque no 'Faz'". Por exemplo: "seguro" e "aplicação *mobile*" no quadrante "É", "reserva campos desportivos" e "conecta jogadores" no quadrante "Faz".

Aprendi esta atividade com Rafael Sabbagh quando ele a utilizou para definir um dos papéis do Scrum durante uma das suas formações, em 2013. Adaptei-a para ajudar a definir o produto e obtive excelentes resultados com ela. Desde então, utilizo-a sempre nas Lean Inceptions.

ESCLAREÇA O OBJETIVO

Cada membro da equipa deve partilhar o que entende como objetivo para o negócio e os vários pontos de vista devem ser discutidos para chegar a um consenso sobre o que é realmente importante. Esta atividade auxilia no levantamento e esclarecimento de objetivos.

PASSO A PASSO DA ATIVIDADE

1. Solicite a cada membro da equipa que escreva, individualmente, três respostas para a seguinte pergunta: "Se tiver que resumir o produto em três objetivos de negócio, quais seriam esses objetivos?".

2. Solicite aos participantes que partilhem o que escreveram num quadro comum, agrupando-os por similaridade.

3. Solicite à equipa que reescreva os objetivos, agora coletivamente. Nesse momento, ficará claro que alguns dos elementos listados não são realmente objetivos do produto, devendo portanto ser descartados. Com isto, ficará nítido para a equipa qual é o foco do projeto.

ENTENDA OS *TRADE-OFFS*

Trade-off é uma troca na qual o participante deixa de priorizar uma coisa para conseguir priorizar outra que deseja ainda mais. Um produto *lean* reflete decisões da equipa em relação a *trade-offs*.

A atividade "entender os *trade-offs*" ajuda na construção e documentação de um entendimento comum sobre os *trade-offs* do produto *lean*. Muitas decisões e conversas são baseadas em visões individuais e premissas entre escolhas. Por exemplo, o que tem mais valor: a segurança ou a facilidade de usar? E quanto à escalabilidade e segurança? E escalabilidade e facilidade de usar? Esta atividade promove uma conversa aberta e colaborativa sobre os *trade-off*, que quanto mais esclarecidos forem, mais evitam desentendimentos e mais ajudam na rápida tomada de decisões.

PASSO A PASSO DA ATIVIDADE

1. Descreva todas as categorias relevantes para o produto em *post-its* (exemplo: segurança, usabilidade, escalabilidade etc.).

2. Coloque as categorias no quadro branco ou no *flip chart* como título de cada linha. Em seguida, desenhe uma linha horizontal para cada categoria.

3. Desenhe linhas verticais (o mesmo número de linhas horizontais).

4. Escreva o número de cada coluna em um *post-it*, indicando o nível de importância (1 é o menos importante).

5. Peça aos participantes para marcar as suas iniciais em vários *post-its* e colocar um por linha. A restrição: cada coluna deve ter um *post-it* com suas iniciais (por exemplo, apenas uma das categorias vai ser marcada como mais importante).

6. Equalize os *trade-offs*. Com um *post-it* de cor, faça a marcação devida para cada categoria, de mais a menos importante. Essa marcação será relativamente fácil, já que considera os *post-it* com os votos de todos.

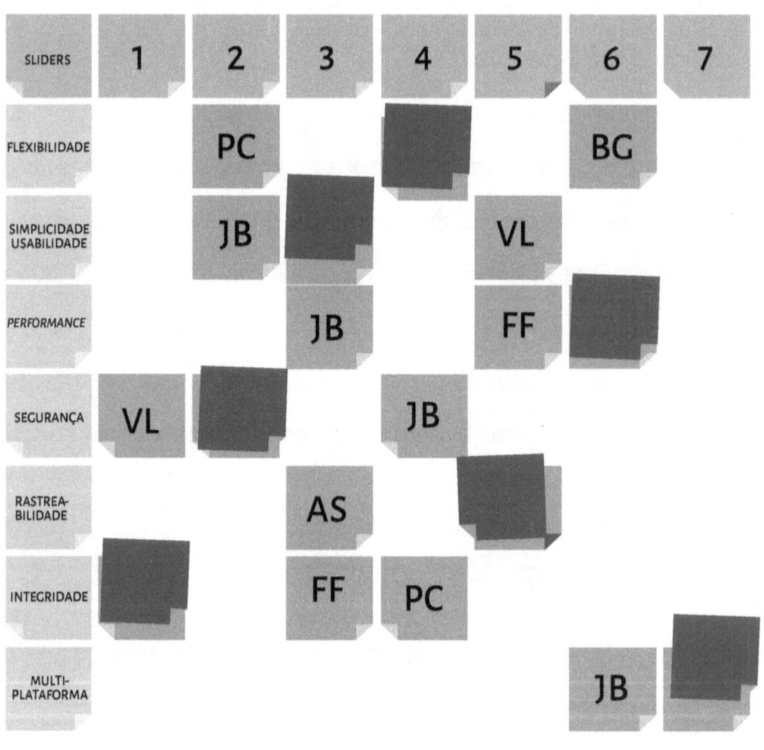

DESCREVA AS PERSONAS

Para efetivamente identificar as funcionalidades de um produto, é importante ter em mente os utilizadores e os seus objetivos. A forma mais frequentemente utilizada para representar os utilizadores é através de personas.

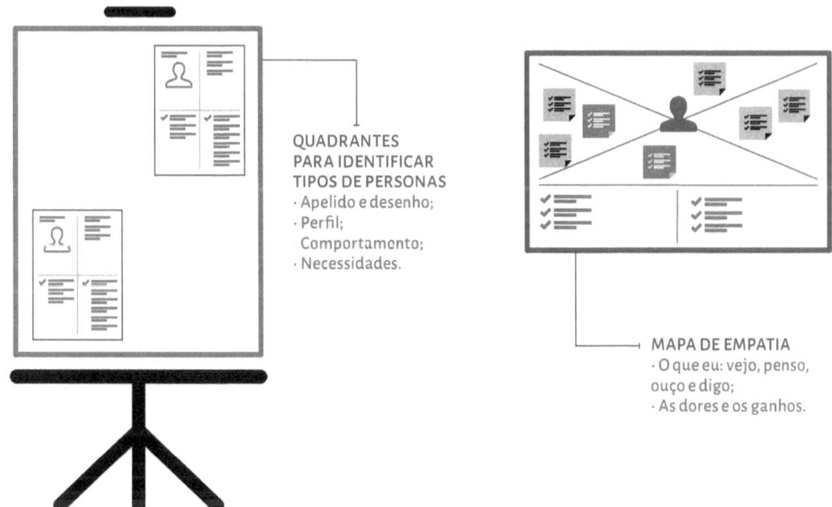

Uma persona representa um utilizador do produto ou serviço, descrevendo não só o seu papel, mas também as suas necessidades específicas. Isso cria uma representação realista de utilizadores, auxiliando a equipa a descrever funcionalidades do ponto de vista de quem interagirá com o produto final.

QUADRANTES PARA IDENTIFICAR TIPOS DE PERSONAS

A seguinte atividade é utilizada para descrever os tipos de personas. Esta atividade é simples, ilustrativa, divertida e rápida.

PASSO A PASSO DA ATIVIDADE

1. Peça ao grupo que se divida em duplas ou trios e entregue o seguinte *template* de personas a cada grupo.

PARA EFETIVAMENTE IDENTIFICAR AS FUNCIONALIDADES DE UM PRODUTO, É IMPORTANTE TER EM MENTE OS UTILIZADORES E OS SEUS OBJETIVOS.

Apelido e desenho	Perfil
	.
	.
	.
	.
	.
	.
	.
Comportamento	**Necessidades**
.	.
.	.
.	.
.	.
.	.
.	.

2. Solicite a cada grupo que crie uma persona, utilizando o *template* como referência.

3. Os participantes do grupo devem apresentar suas personas a todo o grupo.

4. Peça às pessoas que mudem de grupo e que repitam os passos 1 ao 3.

O *template* apresentado foi partilhado por Natalia Arsand, excelente *user experience designer*, durante um *workshop* de Lean Inception.

No final da atividade, um conjunto de personas terá sido criado e os diferentes tipos de utilizadores do produto estarão descritos. As pessoas que conhecem os objetivos do negócio e as necessidades dos utilizadores devem participar ativamente no exercício, auxiliando a equipa na criação das personas e sugerindo alterações nas suas descrições, conforme necessário.

CRIAR MAPAS DE EMPATIA

O mapa de empatia é um *template* visual para identificar e visualizar uma persona. Criado originalmente para a análise de segmentos de consumidores, é uma excelente ferramenta para classificar, explorar e entender os diferentes tipos de personas.

O mapa de empatia foi originalmente descrito por Dave Gray como um dos métodos da XPLANE[8] para compreender utilizadores, clientes e outros *stakeholders* envolvidos no negócio. Ficou ainda mais conhecido desde que foi destacado no livro *Business Model Generation* como uma ferramenta para descobrir *insights* sobre os clientes.

O mapa apresenta quatro áreas principais, as quais preenchem a frase:

O QUE É QUE EU _______________ (VEJO / PENSO / OUÇO / DIGO)?

Além das quatro áreas principais, a versão original apresenta mais duas áreas: as dores e os ganhos para tal persona.

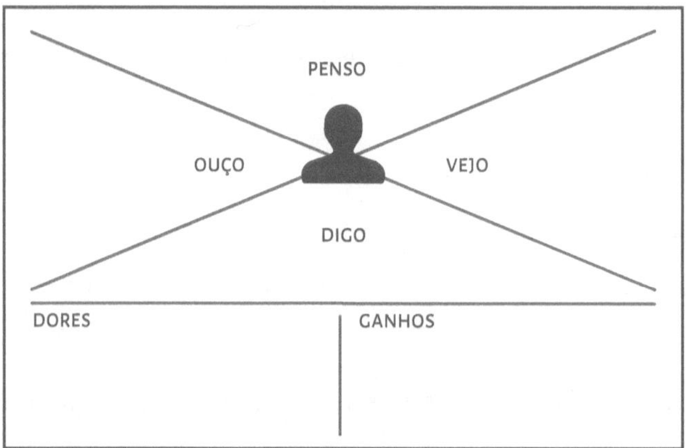

Sempre que apliquei o mapa de empatia para identificação de personas, utilizei as suas quatro áreas principais: vejo, ouço, penso, digo; eventualmente também utilizo as áreas de dores e ganhos. Mas há ocorrências em que altero as áreas como, por exemplo, o que faço, o que não faço, os meus amigos e os meus inimigos, os meus *hobbies* etc.

---

8 Empresa de *visual thinking* fundada em 1993 por Dave Gray.

PASSO A PASSO DA ATIVIDADE

1. Decida uma persona a ser analisada.

2. Desenhe um *template* do mapa, com a persona representada no centro dele.

3. Descreva as áreas para tal persona.

4. Repita os passos 2 e 3 para as próximas personas.

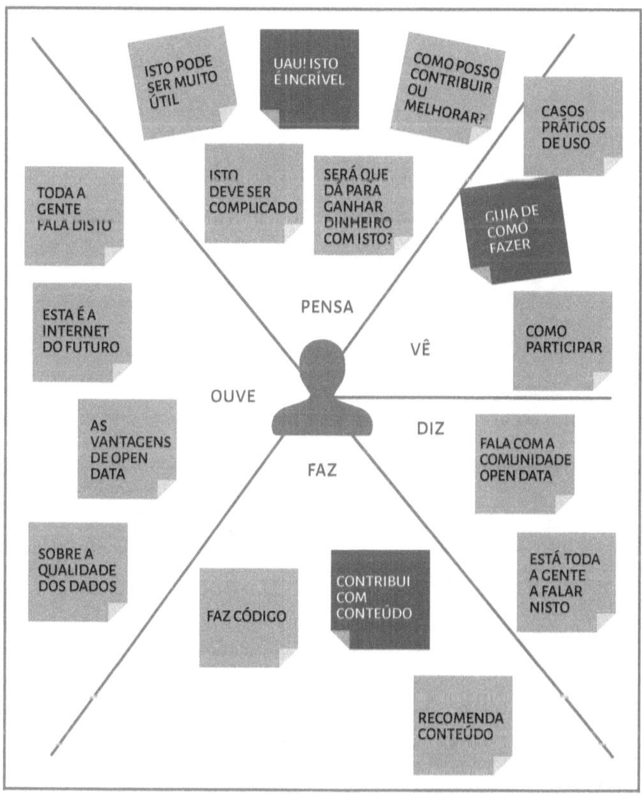

ATUALIZE O ENTENDIMENTO SOBRE AS PERSONAS

É importante ressalvar que o resultado da atividade de definir a persona não deve ser definitivo, mas sim uma construção inicial que pode e deve ser atualizada conforme o produto evolui.

A atividade é realizada tendo por base o conhecimento, as pesquisas e os dados prévios sobre os utilizadores do produto. Geralmente, empresas maiores têm conhecimento e dados sobre seus clientes. Se não for o caso, existirão hipóteses sobre os utilizadores do produto e elas estarão explicitas na atividade de descrever as personas.

Com o *feedback* do produto, obteremos mais compreensão sobre as personas. Além disso, pesquisas adicionais podem ser realizadas para adquirir mais conhecimento e compreensão sobre os utilizadores. Considerando que o conhecimento aumentou, refaça a atividade de persona, atualizando a representação dos utilizadores.

> Samantha Rosa, uma amiga UX, partilhou um exemplo desta situação. Durante uma Lean Inception, a sua equipa seguiu os passos da atividade apresentada e criou as personas, mas depois de disponibilizar o produto aos clientes reais, perceberam que uma das personas descritas não estava de acordo com a realidade. Realizaram a atividade novamente para atualizá-la e repensaram o produto.

BRAINSTORMING DE FUNCIONALIDADES

Funcionalidade é a descrição de uma ação ou interação de um utilizador com o produto. Por exemplo: imprimir uma nota fiscal, consultar um extrato detalhado e convidar amigos para o Facebook.

A descrição de uma funcionalidade deve ser o mais simples possível: o utilizador tenta fazer algo, pelo que o produto deve ter uma funcionalidade que lhe dê resposta. Que funcionalidade é essa?

Dado que já temos as personas e os principais objetivos do produto, as seguintes perguntas ajudam na descoberta de funcionalidades:

O que deve ter o produto para dar resposta às necessidades da persona? Que funcionalidades devemos construir para atingir este objetivo do produto?

Esta atividade é utilizada para o *brainstorming* de funcionalidades. Note que ela depende da lista de objetivos e personas, que já devem ter sido elaboradas em atividades anteriores.

PASSO A PASSO DA ATIVIDADE

1. Solicite que a equipa coloque os objetivos num quadro comum, em ordem de prioridade, da esquerda para direita, como títulos de colunas;

2. Peça que a equipa coloque as personas no mesmo quadro, em ordem de prioridade, de cima para baixo, como títulos de linhas;

3. Promova um *brainstorming* de funcionalidades. A discussão deve ser guiada para que se descubra que funcionalidades são necessárias para corresponder aos objetivos e às personas. As perguntas mostradas anteriormente irão ajudá-lo.

A equipa deve guiar-se pelo quadro, repetindo as perguntas acima para cada combinação de persona e objetivo, começando com as de maior prioridade. Deste modo, as candidatas a funcionalidades de alta prioridade surgirão primeiro.

> Este livro descreve a minha experiência com Lean Inceptions para produtos digitais. Por isso, chamei a atividade de *Brainstorming* de funcionalidades (do produto digital ou do MVP). Mas, em algumas instâncias, alterei o nome da atividade. Por exemplo: *Brainstorming* de atividades ou *Brainstorming* de ideias. Isto aconteceu nos casos em que o contexto da Lean Inception não era para a criação de um produto digital, mas sim para o alinhamento das pessoas para construir algo (não necessariamente um produto).

MOSTRE-ME O DINHEIRO

O controlo de tempo é essencial em todas as atividades, mas no *brainstorming* de funcionalidades requer atenção especial. Caso muitos objetivos e personas sejam selecionados (nos passos 1 e 2 da atividade), inúmeras funcionalidades poderão ser abordadas e escolhidas pela equipa. Isto não é produtivo e pode levar a equipa a gastar muito tempo a discutir funcionalidades que não farão parte do MVP e dos incrementos iniciais do produto.

Para evitar este cenário, é altamente recomendável que o número de objetivos e personas seja limitado a poucas unidades (três ou quatro).

Se estivéssemos com um orçamento muito curto e pudéssemos trabalhar apenas um objetivo, que objetivo seria esse?

A pergunta acima ajuda o grupo a priorizar objetivos e personas. Faça a pergunta em relação aos objetivos e, em seguida, direcionada às personas. Além da priorização, ajudará a manter o foco na validação e na evolução do produto via MVP.

Uma forma mais lúdica e colaborativa de priorizar objetivos e/ou personas é pensar em dinheiro. Para isso, faça a seguinte atividade

PASSO A PASSO DA ATIVIDADE

1. Divida os participantes em grupos pequenos.

2. Distribua cinco *post-its* com "$" para cada grupo (use uma cor de *post-it* por grupo).

3. Instrua o grupo a colocar os "$" onde acreditam que devem investir mais dinheiro (seja em entender melhor a necessidade da persona ou em alcançar tal objetivo).

4. Converse sobre o resultado (dê a opção de redistribuir os "$").

5. Priorize os itens com mais "$".

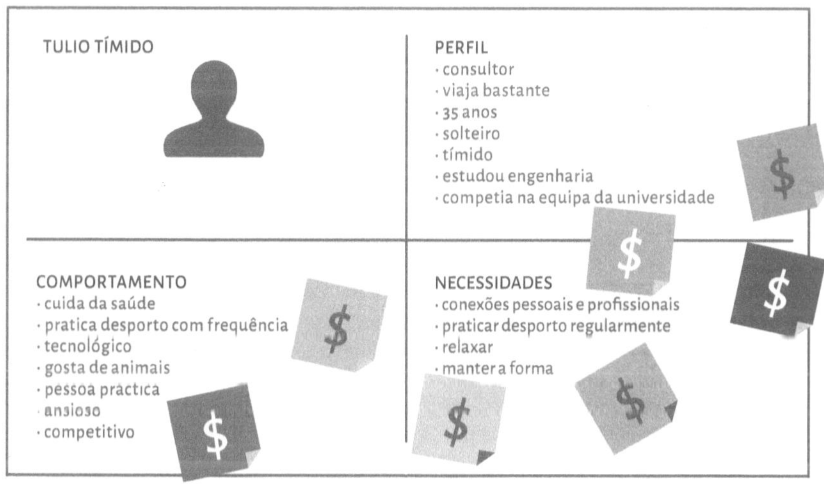

FUNCIONALIDADES, OBJETIVOS E PERSONAS

Embora o quadro seja semelhante a uma matriz, não haverá necessariamente uma funcionalidade para cada espaço. Podem existir múltiplas funcionalidades para uma persona e um objetivo específico, assim como é possível haver personas que não necessitem de uma funcionalidade para determinado objetivo.

Caso sejam identificadas funcionalidades que não dão resposta às necessidades de nenhuma persona, estas devem ser descartadas ou repensadas, pois o seu valor não está claramente associado a um utilizador.

REVISÃO TÉCNICA, DE NEGÓCIO E DE UX

A atividade de *brainstorming* gera, em pouco tempo, muitas funcionalidades. Mas precisamos de gastar mais tempo a detalhá-las. É preciso reavaliá-las, normalizá-las e, se possível, descartar o que não faz sentido levar para a frente. Para desenvolver este entendimento, avaliamos cada funcionalidade em termos de esforço, valor para o negócio, experiência dos utilizadores e nível de confiança que temos sobre o que é e como construí-la.

Para esforço, valor de negócio e valor de UX (*user experience* em inglês, ou experiência do utilizador, em português), avaliamos e classificamos as funcionalidades com marcações numa escala de um a três.

ESFORÇO	E	EE	EEE
NEGÓCIO	$	$$	$$$
UX	♡	♡♡	♡♡♡

Já classificar o nível de confiança é um pouco mais complicado.

"Eu sei exatamente o que quero deste item de trabalho e sei exatamente como fazê-lo". É incrível quando isto acontece! No entanto, nem sempre é assim. Por isso, precisa de verificar, para cada funcionalidade, qual é o nível de confiança que existe sobre ela. O **gráfico do semáforo** vai ajudá-lo a fazê-lo.

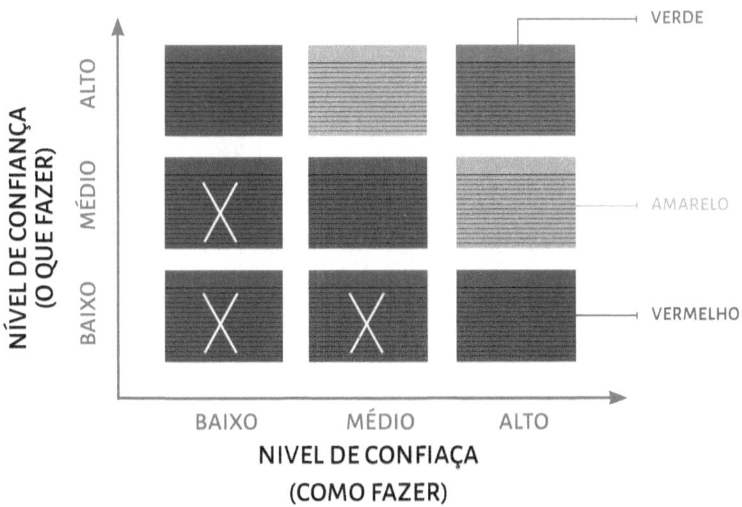

Classificamos cada funcionalidade combinando o nível de confiança técnico (**como** fazer) e o nível de confiança de UX e do negócio (**o que** fazer). Desta forma, cada funcionalidade recebe uma cor relativa ao nível de confiança. Se uma funcionalidade ficar na parte inferior esquerda do gráfico (marcada com um "X"), considere descartá-la ou gaste mais tempo a tentar esclarecê-la.

Este gráfico é conhecido por "gráfico do semáforo", pois as suas cores são as mesmas que podemos encontrar num semáforo: verde significa que pode avançar tranquilo; amarelo significa preste atenção, talvez tenha que parar antes de prosseguir; vermelho traduz pare e espere antes de prosseguir.

Ao terminar a revisão técnica, de negócio e de UX, todas as funcionalidades estarão coloridas e marcadas. Por exemplo, a funcionalidade "registar email favorito" pode ter um esforço médio, valor de UX alto, valor de negócio baixo e nível de confiança alto.

Cada funcionalidade deve passar pela revisão técnica, de UX e de negócio. Para fazer isso, cada funcionalidade deve ser primeiro plotada no gráfico de semáforo e, logo de seguida, receber pontuações segundo a tabela de esforço, de UX e de negócio.

No gráfico, a funcionalidade recebe uma cor; na tabela recebe pontuações de valor e esforço. Cada cor representa um nível de confiança da funcionalidade, enquanto as pontuações de esforço, valor de negócio e valor de UX variam numa escala de um, dois ou três ou valores com proporções semelhantes; por exemplo $, $$, e $$$. A cor e a pontuação vão ajudar a equipa nas atividades subsequentes para priorizar, estimar e planear.

A seguir pode ver um exemplo de funcionalidades depois de passarem pelo gráfico de semáforo e pela tabela esforço, UX e negócio.

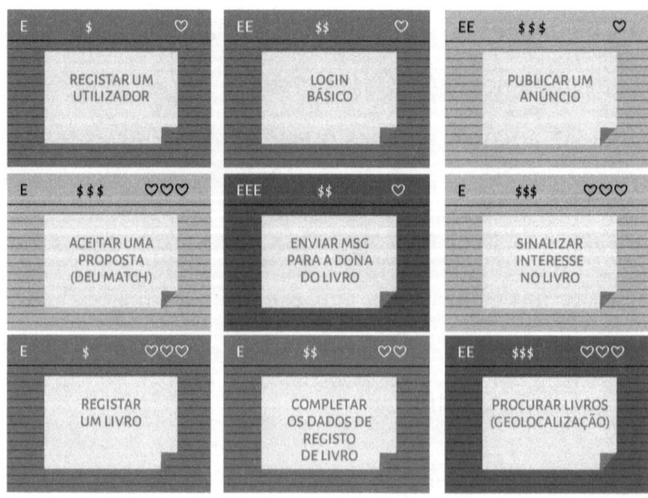

O processo de passar cada funcionalidade pelo gráfico e pela tabela gera mais resultados do que a cor e as pontuações em cada cartão: gera-se muita conversa, algumas decisões tornam-se finais, premissas são definidas e incertezas são descritas. Ou seja, as pessoas discutem e fazem anotações sobre cada funcionalidade em discussão.

É muito importante armazenar as anotações geradas durante estas atividades,, pois elas servem para complementar a descrição da funcionalidade (a frente do cartão). Deste modo, peça aos participantes para fazer as anotações em *post-it* e colá-los atrás do cartão. Assim as atividades continuam a ser rápidas e dinâmicas, porém mantêm as anotações relevantes.

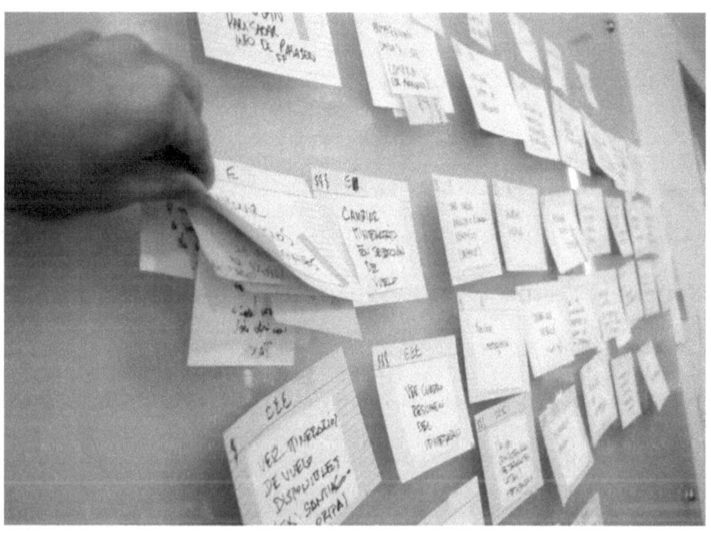

FUNCIONALIDADES NO GRÁFICO DE SEMÁFORO

Esta atividade tem o objetivo de discutir como é que a equipa se sente e que entendimento tem das componentes técnica, de negócio e de UX para cada funcionalidade. A partir deste exercício, novas notas serão capturadas e discordâncias e dúvidas ficarão mais aparentes.

PASSO A PASSO DA ATIVIDADE

1. Crie, num quadro comum, o gráfico de semáforo, no qual o eixo X representa o nível de confiança técnico (**como** fazer) e o eixo Y representa o nível de confiança sobre o requisito de negócio e de UX (**o que** fazer)

2. Solicite a um membro da equipa que leia uma funcionalidade em voz alta e a posicione no gráfico de acordo com o seu entendimento sobre ela, respondendo à seguinte pergunta para cada eixo:

   ▸ Eixo X: Quão confiante está sobre **como** fazer essa funcionalidade?

   ▸ Eixo Y: Quão confiante está sobre **o que** o negócio e/ou os utilizadores quer(em) dessa funcionalidade?

3. Questione a equipa para perceber se todos partilham a mesma opinião. Se alguém não concordar, todos devem discutir os requisitos e o trabalho envolvido de forma a que haja um consenso sobre a funcionalidade. Tudo o que for mencionado e que ajude a alcançar uma melhor compreensão deve ser anotado e anexado à funcionalidade.

4. Anote o nível de confiança na funcionalidade. Por exemplo, a figura a seguir mostra funcionalidades em *post-it* que foram coladas em cartão de índice verde (■), amarelo (■) ou vermelho (■), indicando, respectivamente, um nível alto, médio ou baixo de confiança.

5. Para cada funcionalidade selecionada anteriormente, repita os passos 2 a 4.

No eixo X, o objetivo é verificar o entendimento da equipa com relação aos desafios técnicos, às dependências e aos requisitos de infraestrutura. Já fez isto antes? Sabe **como** fazê-lo? A resposta "sim" indica alto nível de confiança sobre como fazer. "Mais ou menos", "talvez" ou "acho que sim" indicam nível médio; enquanto "não" indica nível baixo.

No eixo Y, a proposta é verificar a clareza **do que** é a funcionalidade, seja do ponto de vista do negócio ou de quem vai usá-lo. Sabe **o que** o negócio e/ou o utilizador quer(em) deste item de trabalho? A resposta "sim" indica um alto nível de confiança sobre **o que** fazer; "mais ou menos", "talvez" ou "acho que sim" indicam um nível médio; enquanto "não" indica um nível baixo.

No final da atividade, as funcionalidades nos cartões vermelhos com um X representam riscos altíssimos para o projeto. Normalmente, a equipa divide a mesma em pedaços de trabalho pequenos ou descarta-a. Evite-as a todo o custo. Tente esclarecê-las antes de começar a trabalhar. Apenas avance com funcionalidades coladas em cartões verdes, amarelos ou vermelhos.

FUNCIONALIDADES NA TABELA ESFORÇO, NEGÓCIO E UX

Esta atividade tem o objetivo de discutir como é que a equipa perceciona o esforço de desenvolver cada funcionalidade, bem como o valor de negócio e o valor de UX associado a cada uma. A partir desta atividade, novas pontuações serão feitas para cada funcionalidade.

PASSO A PASSO DA ATIVIDADE

1. Crie uma tabela esforço, negócio e UX, mostrando as pontuações numa escala de um, dois ou três para o esforço técnico (o nível do trabalho que precisa de ser feito), o valor de negócio (o que é o retorno ou o impacto económico que ela trará) e o valor de UX (quanto os utilizadores vão gostar).

2. Peça a um membro da equipa para ler uma funcionalidade em voz alta e colocá-la em cada linha da tabela de acordo com a sua perceção (esforço, valor para o negócio e valor de UX), respondendo à seguinte pergunta para cada linha da tabela:

- ▸ Quanto trabalho (esforço) é necessário para criar esta funcionalidade? Marque E, EE ou EEE, indicando baixo, médio ou alto.

- ▸ Quanto valor para o negócio vamos gerar com esta funcionalidade? Marque $, $$ ou $$$, indicando baixo, médio ou alto.

- ▸ Quanto é que os utilizadores vão gostar desta funcionalidade? Marque com um, dois ou três corações, indicando baixa, média ou alta aprovação.

3. Questione a equipa se todos partilham a mesma opinião. Se alguém não concordar, todos devem discutir os requisitos e a tecnologia envolvidos, de forma a que haja um consenso sobre a funcionalidade. Tudo o que for mencionado e que ajude a alcançar uma melhor compreensão deve ser anotado e anexado à funcionalidade.

4. Anote, na funcionalidade, o nível de esforço, o valor de UX e o valor de negócio.

5. Para cada funcionalidade selecionada anteriormente, repita os passos 2 a 4.

ESCALA DE VALOR DE NEGÓCIO

Sugiro que use as marcações $, $$ e $$$, respectivamente, para indicar valor de negócio alto, valor de negócio muito alto ou valor de negócio altíssimo. Quando comecei a usar estas pontuações de valor de negócio, usava-as para indicar valor de negócio baixo, médio ou alto. Porém, raramente uma pessoa do negócio respondia que uma funcionalidade tinha valor de negócio baixo ou médio. A mudança na escala ajudou a que o resultado representasse um valor de negócio comparativo entre diferentes funcionalidades.

MOSTRE AS JORNADAS DOS UTILIZADORES

A jornada descreve o percurso de um utilizador através de uma sequência de passos dados para alcançar um objetivo. Alguns destes passos representam diferentes pontos de contacto com o produto, caracterizando a interação da pessoa com ele. À medida que construímos a jornada, a equipa levanta questões e opiniões sobre os desejos do utilizador e as funcionalidades do produto.

PASSO A PASSO DA ATIVIDADE

1. Selecione uma persona.

2. Identifique um objetivo para ela.

3. Escreva a persona e o seu objetivo num *post-it* e coloque-o no lado superior esquerdo de um quadro (use papel A3 ou um *flip chart*, pois facilita caso exista necessidade de mover a jornada pela sala)

4. Decida o ponto de partida. Perguntas úteis: "Como é que a persona começa o seu dia?" "O que desencadeia o desejo de atingir o seu objetivo?". Escreva o ponto escolhido num *post-it* e coloque-o no quadro.

5. Descreva cada etapa seguinte num *post-it* e coloque-os no quadro. Continue a incluir as etapas até a persona atingir o seu objetivo.

Questões, acordos e desacordos irão conduzir a conversa à construção da jornada. Talvez sejam levantadas mais do que uma possibilidade de jornada. Podemos ter, por exemplo, a otimista, a realista, a pessimista, a principal, a excecional caso x aconteça, a excecional caso y aconteça etc. As opções irão forçar a priorização e a definição clara do objetivo e, com isso, o foco em algumas jornadas. As que forem priorizadas irão complementar e ajudar na procura do MVP.

O nível de detalhe de uma jornada não deve ser nem muito alto, nem muito baixo. Ao mesmo tempo que proporciona um passo a passo da interação do utilizador, também é uma síntese, um nível mais elevado e simplificado do fluxo, sem as informações redundantes e os detalhes mais profundos.

Abaixo segue um exemplo de uma jornada do consumidor. Note o desenho da persona ao lado de um carro no canto superior esquerdo da folha e a sua jornada descrita com *post-its* da esquerda para a direita, de cima para baixo. Na jornada em questão, cada *post-it* identifica um passo da persona no caminho que esta faz para alcançar o seu objetivo (descrito no último *post-it*). Pequenas setas ligam cada passo ao próximo.

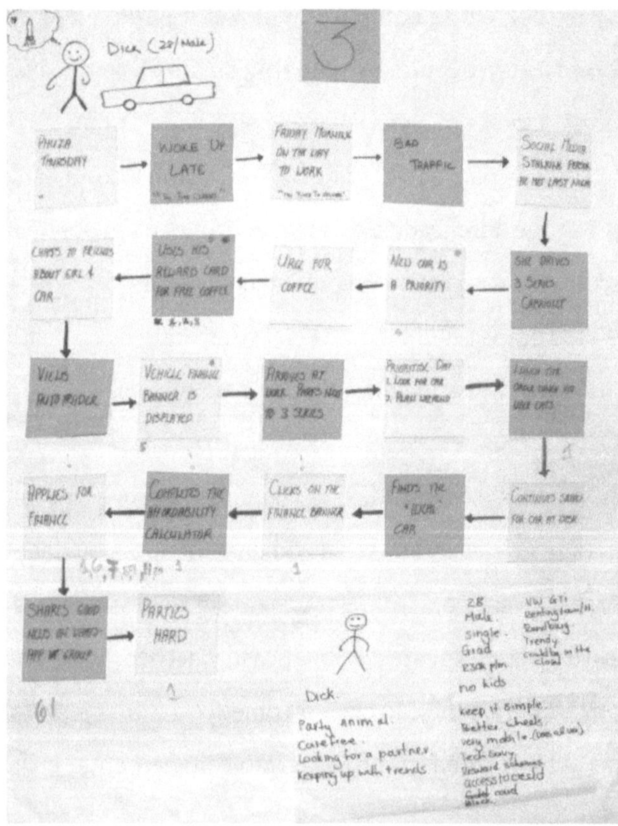

Perguntas simples ajudam muito no início da descrição das jornadas. Alguns exemplos:

Que objetivo quer esta persona alcançar? Como é que ela começa o seu dia? O que é que ela faz antes disto? O que é que ela faz depois disto?

Uma conversa, um *post-it* e uma caneta. É o que precisa para descrever as jornadas do utilizador. Sugiro escrever e rescrever. E comece imediatamente, não fique parado à espera de um *insight* que não vem. Depois de ter algo escrito, pode alterar. Se fizer sentido, junte alguns passos pouco detalhados num só. Ou fragmente um passo muito detalhado em passos menores. Não há uma fórmula mágica para fazer isto. O importante é que as jornadas sejam descritas.

Aqui está um exemplo passo a passo de uma jornada do consumidor.

JOÃO "BOM DE BOLA": CONVIDA AMIGOS PARA UM JOGO

- Acorda cedo para o trabalho.
- Exagera no pequeno-almoço.
- Chega ao trabalho às 9:00.
- Durante uma reunião decide fazer alguma atividade física.
- Ao almoço convence um amigo do trabalho a jogar futebol ao fim do dia.
- Liga e reserva um campo
- Abre a aplicação Easy-bola.
- Regista o jogo para as 20:00 do mesmo dia.
- Coloca a informação do campo.
- Envia convite para os amigos.

COLOQUE AS FUNCIONALIDADES NAS JORNADAS

As jornadas clarificam como será a interação com o produto. Se seguiu a ordem descrita neste livro, as jornadas devem estar descritas (como uma sequência de passos) e as funcionalidades disponíveis em cartões avulso. Esta atividade descreve como juntá-las, revalidando e verificando toda a análise realizada até ao momento.

PASSO A PASSO DA ATIVIDADE

1. Divida os participantes em dois grupos, um deve ficar próximo das jornadas e o outro próximo das funcionalidades.

2. Peça que alguém do grupo das jornadas leia, vagarosamente, o passo a passo da jornada do utilizador.

3. Enquanto uma pessoa lê o passo a passo da jornada, as pessoas do grupo das funcionalidades verificam se há alguma funcionalidade que dê resposta ou melhore a jornada do utilizador.

4. Quando identificada uma "combinação" (de uma funcionalidade numa jornada), crie um identificador para a funcionalidade, anote-o num *post-it* pequeno e coloque-o no passo da jornada.

5. Repita os passos anteriores para todas as jornadas.

No momento em que a pessoa que estiver a ler a jornada for interrompida por um colega que diga: "Espera, existe uma funcionalidade neste passo!", tanto a jornada como a funcionalidade devem ser marcadas, indicando esse *match*.

Se a jornada ainda não tiver um identificador, atribua-lhe um; por exemplo 'J1'. Faça o mesmo para a funcionalidade. Anote o identificador da jornada no cartão da funcionalidade e o identificador da funcionalidade no respetivo passo da jornada. Desta forma, todas as jornadas e as funcionalidades terão marcações que indicam as suas associações.

A próxima imagem traz outro exemplo de mapeamento de funcionalidades de uma jornada. No momento da foto, uma pessoa estava a ler a jornada do utilizador enquanto outras três estavam à procura das funcionalidades necessárias para essa jornada.

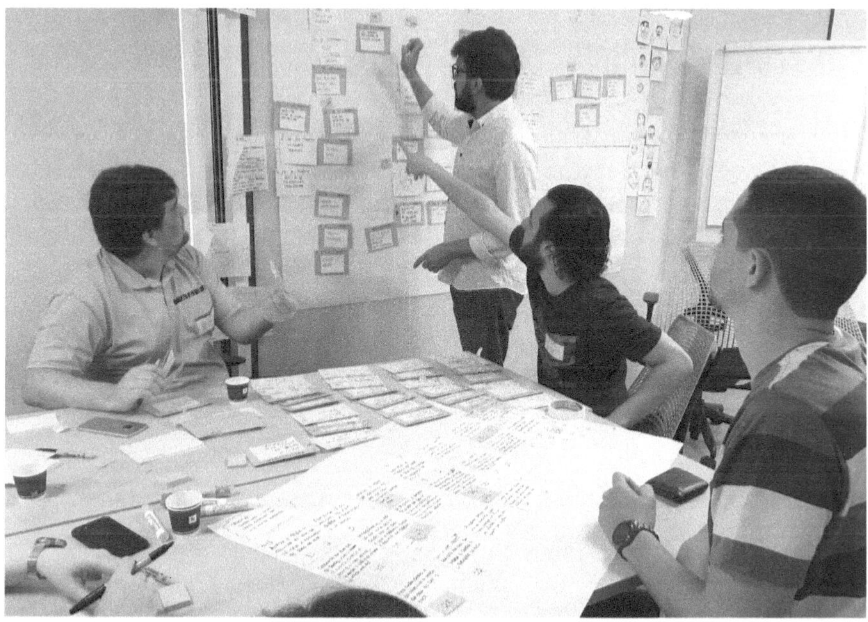

Note na foto a jornada em cima da mesa e as funcionalidades na parede. A foto mostra o momento exato em que uma das pessoas sentadas aponta e diz: "há ali uma funcionalidade para este passo". Na sequência, o identificador da funcionalidade foi anotado no passo da jornada e o identificador da jornada foi anotado no cartão da funcionalidade.

No final desta atividade, duas coisas podem ocorrer: 1. funcionalidades ausentes são identificadas para algumas jornadas e 2. algumas funcionalidades não são mapeadas para nenhuma jornada.

Para as situações tipo 1, deve criar os cartões de funcionalidade de acordo com as cores e marcas que identificam nível de confiança, esforço e valor. Já as de tipo 2, são indicações de que algumas funcionalidades não são mapeadas para as principais jornadas dos consumidores. Essas funcionalidades devem ser pensadas (e documentadas), mas a equipa não deve avançar com elas, mantendo o foco nos itens prioritários de acordo com as principais jornadas.

CONSTRUA O SEQUENCIADOR

"Esta funcionalidade é importante?" Obtive sempre a mesma resposta quando fiz esta pergunta. Por isso, deixei de a fazer. A pergunta mais relevante para ajudá-lo a planear a ordem das funcionalidades a serem criadas é: "Qual destas duas é mais prioritária?"

Isto fará com que as funcionalidades sejam priorizadas relativamente umas às outras. Esta pergunta é muito útil e deve ser utilizada, mas precisa de um ponto de partida.

Previamente, apontou qual era o utilizador mais importante, bem como a jornada mais prioritária. Este é o melhor ponto de partida: a primeira funcionalidade desta jornada.

Talvez exista mais do que uma funcionalidade na jornada ou noutras jornadas que possam ser criadas ao mesmo tempo. Neste tipo de cenário, deve perguntar qual das duas funcionalidades em questão é a mais prioritária.

Felizmente, nas etapas anteriores, alguns parâmetros já foram adicionados às funcionalidades. São eles: valor de negócio ($, $$ ou $$$), o valor de UX (um, dois ou três corações), o esforço (E, EE ou EEE) e a marcação de nível de confiança (nível alto, médio ou baixo). Estes parâmetros vão ajudá-lo no planeamento das funcionalidades e suas prioridades relativas

A JORNADA DO CONSUMIDOR DESCREVE O PERCURSO DE UM UTILIZADOR NUMA SEQUÊNCIA DE PASSOS DADOS PARA ALCANÇAR UM OBJETIVO.

Qual é a combinação mínima de funcionalidades que devem ser disponibilizadas para validar um pequeno conjunto de hipóteses sobre o negócio?

Agora chegou o momento de mostrar a ordem mais adequada para criar estas funcionalidades, definir o MVP e seus incrementos subsequentes. Para isso, use o sequenciador de funcionalidades.

O SEQUENCIADOR DE FUNCIONALIDADES

O objetivo de um produto mínimo viável é criar algo que possa usar para validar um pequeno conjunto de hipóteses sobre um produto e a sua função em um negócio. Agora que já tem um mapeamento entre jornadas do utilizador e possíveis funcionalidades do produto, está em condições de elaborar o MVP e os seus incrementos seguintes. E pode fazer isso através do sequenciador de funcionalidades.

PASSO A PASSO DA ATIVIDADE

1. Crie o *template* do sequenciador (normalmente um *flip chart* com linhas numeradas; na altura da linha deve caber um cartão, na largura da linha devem caber três cartões).

2. Explique as regras do sequenciador.

3. Lembre todos qual é o objetivo da atividade: definir a sequência na qual entregarão as funcionalidades do produto.

4. Solicite a todos que coloquem os cartões no sequenciador, movendo-os enquanto exploram as opções, até chegarem a um acordo.

5. Identifique o MVP e as suas evoluções subsequentes.

O nosso objetivo com o MVP é validar um pequeno conjunto de hipóteses sobre o produto e a sua função no nosso negócio. Quando temos o MVP? E os seus incrementos subsequentes?

O *TEMPLATE* DO SEQUENCIADOR

Imagine uma sequência de ondas, uma depois da outra. Elas são, aproximadamente, do mesmo tamanho. Estas ondas estão numeradas: 1, 2, 3 e assim sucessivamente. Este é o *template* do sequenciador.

SEQUENCIADOR
1
2
3
4
5

O intuito é executar o que é mais impactante o mais cedo possível, logo nas primeiras ondas. E continuar a trabalhar nas funcionalidades do sequenciador de onda em onda.

Para ajudar a decidir o que colocar em que onda e normalizar o tamanho das ondas, siga as regras do sequenciador.

AS REGRAS DO SEQUENCIADOR

Estas são as seis regras para adicionar cartões às ondas. Foram definidas depois de aplicar esta forma de organização e priorização inúmeras vezes.

- » Regra 1: Uma onda pode conter, no máximo, três cartões.
- » Regra 2: Uma onda não pode conter mais do que um cartão vermelho.

> » **Regra 3:** Uma onda não pode conter três cartões apenas amarelos ou vermelhos.

> » **Regra 4:** A soma do esforço dos cartões não pode ultrapassar cinco "E".

> » **Regra 5:** A soma do valor dos cartões não pode ser menor que quatro "$" e quatro corações.

> » **Regra 6:** Se um cartão depende de outro, esse outro deve estar numa onda anterior.

A regra 1 limita o número de funcionalidades que são trabalhadas ao mesmo tempo. Isso evita a acumulação de itens de trabalho parcialmente completos, aumentando o foco nas poucas funcionalidades priorizadas por onda. As regras 2, 3 e 4 evitam um período de trabalho desequilibrado, com muita incerteza ou muito esforço. A regra 5 garante o foco constante na entrega de alto valor para o negócio e para os utilizadores. A regra 6 evita problemas de dependência entre funcionalidades.

FAÇA CONVERGIR REGRAS E JORNADAS

Regras simples são adicionadas ao *template* do sequenciador com as suas ondas. Agora, basta encontrar a primeira funcionalidade da primeira jornada. Deve selecionar a próxima. Respeitando as regras, decida se tal funcionalidade entra na onda

Se ficar em dúvida entre duas funcionalidades que respeitam as regras, basta responder à pergunta: "Qual destas duas é mais prioritária para o MVP?".

A imagem abaixo exemplifica a colocação da funcionalidade no sequenciador de funcionalidades, respeitando as regras.

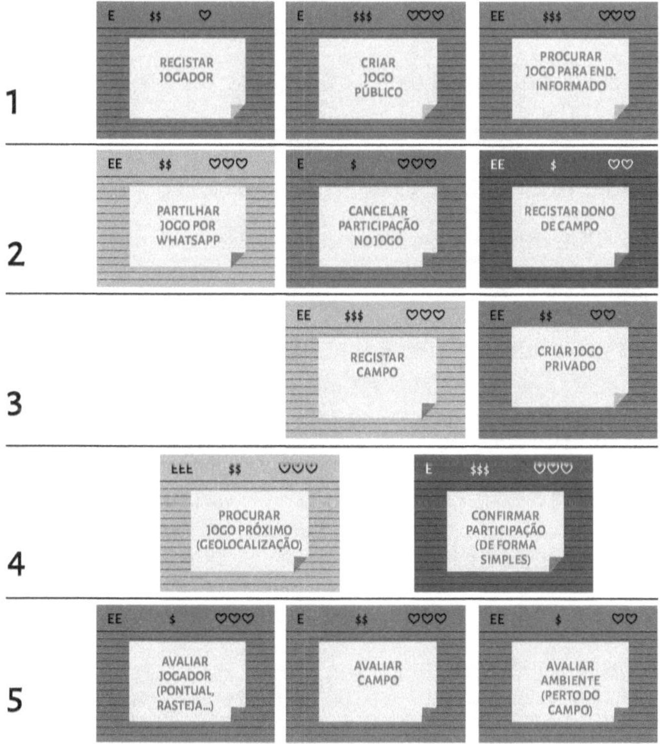

DUPLICAR OU UTILIZAR O MESMO *POST-IT*/CARTÃO?

Uma funcionalidade com as suas marcações está posicionada numa jornada. Está prestes a agarrar no cartão respetivo e colocá-lo noutro *template*: o sequenciador de funcionalidades. Além das informações descritas no cartão, o seu posicionamento no *template* traduz-se em mais informação. Como é o caso da funcionalidade na jornada e no sequenciador de funcionalidades. Neste momento, talvez se pergunte: duplico ou utilizo o mesmo cartão? A minha sugestão: tire uma foto antes de qualquer decisão. Após fazer isto, pode então considerar replicar o cartão, desde que isso não deixe a atividade mais lenta e o ambiente mais confuso (com inúmeros papéis coloridos).

Tipicamente, todos os grupos demonstram bom *engagement* na tarefa de decidir a ordem das funcionalidades no sequenciador. Nesse momento, todos os elementos estão bem alinhados em relação às principais jornadas e às suas funcionalidades (com suas pontuações de nível de confiança, valor de negócio, valor de UX e esforço). É comum que todos se espalhem à volta do sequenciador (na parede ou na mesa) a conversar e explorar possíveis opções até alinharem e decidirem a ordem de criação e lançamento das funcionalidades.

IDENTIFIQUE O MVP NO SEQUENCIADOR DE FUNCIONALIDADES

É chegado o momento de entender o MVP, os seus incrementos e a criação evolutiva do seu produto. As atividades até ao momento clarificaram e priorizaram os vários aspetos do produto.

Os pequenos blocos do produto — as funcionalidades — agora estão ordenados logicamente no sequenciador de funcionalidades. Adicionalmente, já consegue entendê-los e visualizá-los nas jornadas dos consumidores. Ao navegar no sequenciador com as suas ondas e funcionalidades, vai esclarecer qual é o MVP e quais as suas evoluções ou desenvolvimentos.

Assim que a combinação de funcionalidades atingir uma versão mínima do produto que pode ser disponibilizada para validar uma hipótese do seu negócio, nomeie-a: MVP. Abaixo pode encontrar um exemplo de sequenciador após o passo de identificar o MVP e os seus incrementos. Note os *post-its* "MVP" no sequenciador.

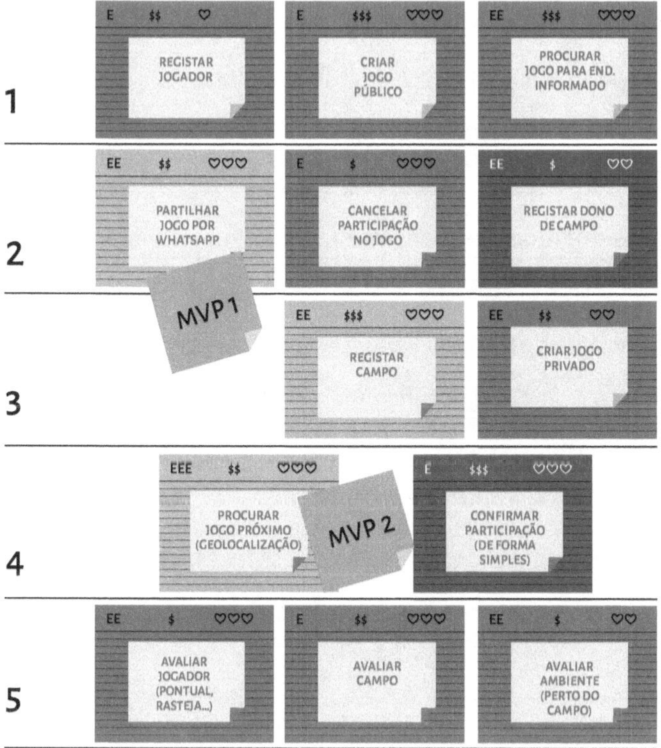

Note o exemplo de sequenciador na figura abaixo. Aqui temos um sequenciador com dois MVPs e treze funcionalidades. O MVP1 é composto pelas funcionalidades F1 a F5. O MVP2 é composto pelas funcionalidades F6 a F13.

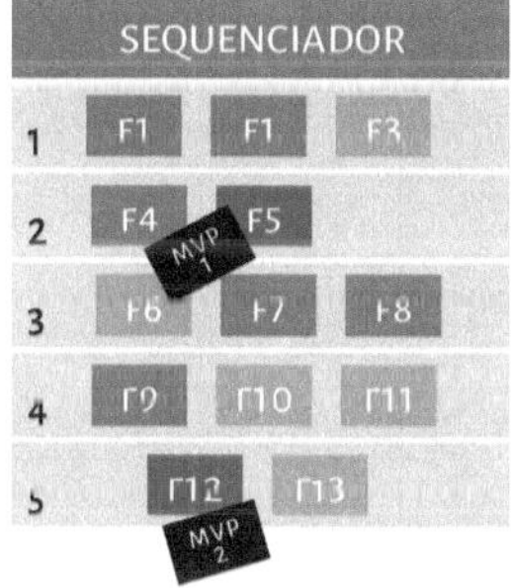

Como assim MVP 2? Já sabe que o MVP é o produto mínimo viável, depois disso são incrementos do produto. Independente de chamar o próximo incremento de

MVP2 ou de utilizar outro nome, o mais importante é continuar a criar e desenvolver o seu produto a partir da validação de hipóteses.

CALCULE ESFORÇO, TEMPO E CUSTO

A maioria das empresas que conheço está muito interessada em responder a duas perguntas simples e diretas: O que devemos construir? E quando estará pronto?

O sequenciador de funcionalidades responde à primeira pergunta, pois mostra o MVP e os seus próximos incrementos. É um artefacto incrível gerado na Lean Inception. Muitos *stakeholders* ficarão satisfeitos ao verem a resposta a uma pergunta tão importante.

Mas quando estará pronto? Algumas pessoas farão esta pergunta. Quando é que o MVP vai estar pronto? E o próximo incremento? E quanto a todas as funcionalidades no sequenciador?

Se não passa por este tipo de experiência, o leitor é um sortudo e pode saltar este capítulo; caso contrário, continue aqui, pois partilharei como tenho ajudado muitas equipas a responder a este tipo de questões.

A sequência de atividades até ao momento, bem como as regras do sequenciador de funcionalidades, gera ondas de tamanho similar. Isso simplifica a estimativa do MVP e dos seus incrementos, pois permite-nos usar o seu tamanho médio tendo por base uma pequena amostra.

DETALHE A MOSTRA DE FUNCIONALIDADES EM TAREFAS

O tamanho das ondas é parecido. Assim, escolha duas ou três e use-as para gerar informações detalhadas de esforço, tempo e custo. Duas ou três ondas são suficientes para dar uma boa noção de tais parâmetros e gerar uma média representativa.

PASSO A PASSO DA ATIVIDADE

1. Selecione duas ou três ondas a serem detalhadas.

2. Selecione uma funcionalidade de uma das três ondas de amostra.

3. Descreva, noutros cartões, os pedaços mais pequenos da funcionalidade selecionada.

4. Volte ao passo 2 e selecione outra funcionalidade até ter detalhado todas as funcionalidades das ondas de amostra.

Ao selecionar as ondas de amostra (passo 1), lembre-se de que neste momento o leitor está interessado na estimativa do todo e no tamanho médio de uma onda e não em detalhar o trabalho em si. Por isso, as ondas a serem escolhidas devem prover uma boa combinação do nível de confiança (marcados pelas cores dos cartões), bem como uma boa variação na soma dos níveis de esforço (marcados com "E" nas funcionalidades).

O pedaço mais pequeno (passo 3) deve ser algo que faz sentido para o grupo. Equipas de desenvolvimento de *software* que seguem a metodologia Scrum costumam chamar histórias do utilizador a estes pedaços mais pequenos de que falamos no ponto 3. Outros grupos preferem chamá-los de tarefas e descrevê-las sem recorrer a um formato predefinido. O mais importante é que o grupo esteja confortável com o detalhe desses pedaços mais pequenos e assim consiga estimar o seu tamanho e esforço.

No contexto deste livro, vou chamar tarefas aos pedaços mais pequenos de uma funcionalidade. Normalmente, recomendo que as equipas sejam muito específicas ao descrever estas tarefas, pois esse cuidado ajudará na atividade. Não devem preocupar-se em documentá-las de forma perfeita, pois isso deve ser feito após e não durante a Lean Inception.

A MAIORIA DAS EMPRESAS QUE CONHEÇO ESTÁ MUITO INTERESSADA EM RESPONDER A DUAS PERGUNTAS SIMPLES E DIRETAS: O QUE DEVEMOS CONSTRUIR? QUANDO ESTARÁ PRONTO?

Durante o passo 3, faça uma marcação tanto no cartão da funcionalidade como nos cartões das tarefas de cada uma. Por exemplo, marque F1 para todas tarefas da funcionalidade 1, F2 para as tarefas da funcionalidade 2 e assim sucessivamente. Nas atividades seguintes, os cartões serão movidos e tal marcação será utilizada para reagrupar funcionalidades com os seus pedaços mais pequenos.

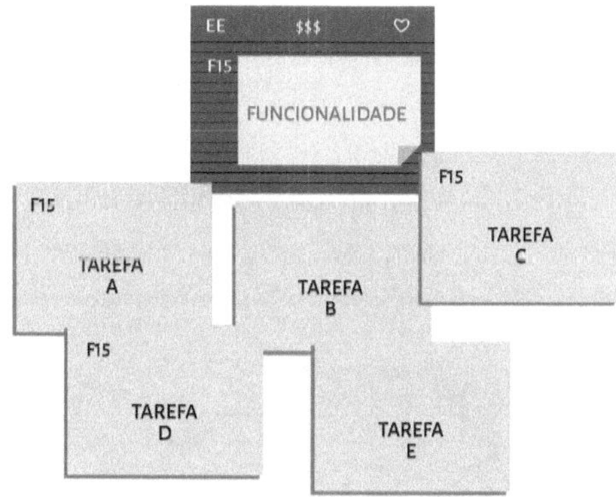

No final desta atividade, as funcionalidades selecionadas como amostra estarão detalhadas com as suas várias tarefas.

DIMENSIONAMENTO DAS TAREFAS

Esta atividade é muito simples, mas essencial para entender o esforço relativo das tarefas.

PASSO A PASSO DA ATIVIDADE

1. Escreva os seguintes tamanhos de vestuário em *post-its*: S, M, L.

2. Coloque os *post-its* no quadro (normalmente uma mesa), o L no canto superior esquerdo, o S no canto inferior esquerdo e o M entre os outros dois.

3. Selecione duas tarefas e faça a seguinte pergunta: Como é que esta tarefa se compara (em esforço) a esta outra? Ambas S? Uma S, a outra M? L?

4. Coloque as duas tarefas no quadro, com as suas posições relativas a indicar como é que elas se comparam em relação ao nível de esforço (pequeno, médio ou grande). Coloque uma ao lado da outra se ambas exigirem o mesmo nível de esforço ou coloque uma abaixo da outra, indicando que uma exige mais esforço do que a outra.

5. Defina os limites entre os tamanhos e reposicione as tarefas para tornar os seus tamanhos claros. Se necessário, considere criar um tamanho extra de vestuário (XS ou XL, para extra-pequeno ou extra-grande).

6. Enquanto houver tarefas a serem comparadas, coloque-as no quadro de acordo com o nível de esforço e repita as etapas 3 e 4.

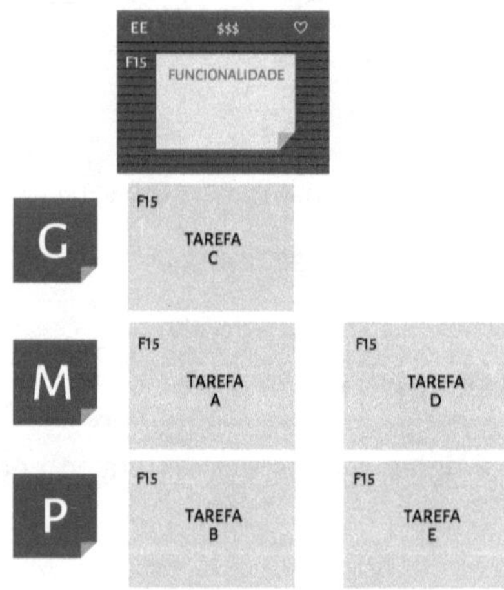

No final desta atividade, cada tarefa será associada a um tamanho de vestuário: pequena, média ou grande.

As duas atividades anteriores (Detalhar a amostra de funcionalidades em tarefas e Dimensionamento de tarefas) podem e devem ser feitas ao mesmo tempo, conforme demonstrado na próxima imagem de uma foto desta atividade numa Lean Inception.

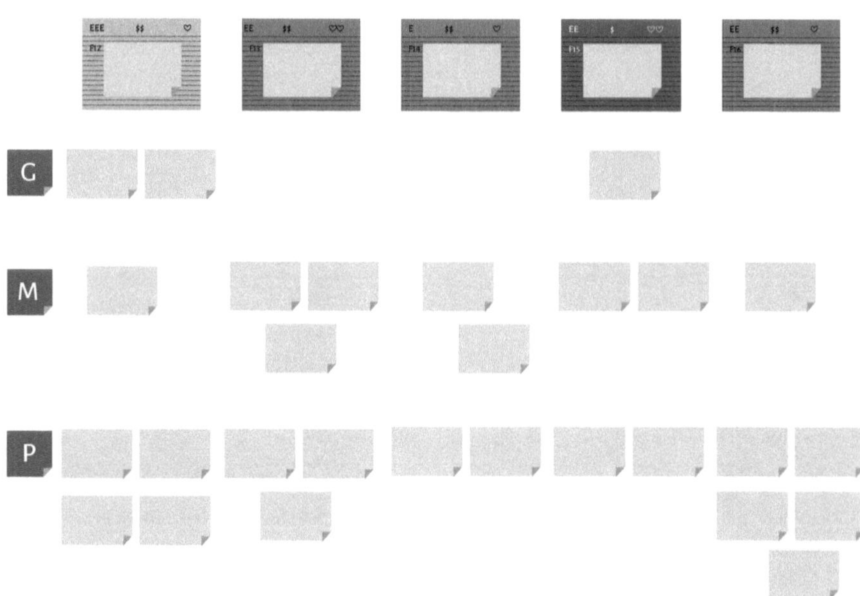

Nele, as tarefas são colocadas sob a sua respectiva funcionalidade de amostra e próximas às tarefas de tamanhos semelhantes (*post-it* com as marcas S, M e L, respectivamente para pequeno, médio e grande).

ENTENDA CUSTO E TEMPO

Esta atividade é essencial para gerar números para o cálculo do custo e do tempo para cada onda e para todo o sequenciador.

PASSO A PASSO DA ATIVIDADE

1. Selecione uma tarefa pequena e pergunte quanto tempo uma pessoa demora a completá-la.

2. Selecione mais duas ou três tarefas do mesmo tamanho e repita a pergunta.

3. Faça a média do tempo e anote-a.

4. Repita os passos anteriores para tarefas de outros tamanhos.

No final desta atividade, todas as tarefas terão uma estimativa de tempo e custo. Por exemplo, o seguinte resultado foi obtido num *workshop* durante esta atividade: um dia para tarefas pequenas, três dias para tarefas médias e quatro dias para tarefas grandes.

As respostas de tempo irão influenciar o resultado final. Por isso, seja enfático em relação à pergunta. Se possível, peça para comparar com trabalhos passados e tente entender a motivação e a capacidade das pessoas que respondem à pergunta.

Developers não gostam de responder à questão "Quanto tempo demora alguém a completar esta tarefa?". Por isso, é muito importante que todos estejam muito à vontade com a descrição da tarefa. Caso haja qualquer desconforto em relação à mesma, reescreva-a e considere fragmentá-la em pedaços ainda menores.

Outra forma de fazer a pergunta é colocá-la no plural:

Considere uma dupla de *developers*. Um sabe mais do negócio, outro menos. Um mais sénior, outro mais júnior. Um mais experiente com esta tecnologia, outro mais novato. Quanto tempo demorariam a completar esta tarefa?

Na minha experiência, toda a gente fica mais à vontade a dar a resposta quando consideram uma dupla de *developers* a trabalhar em conjunto para completar uma tarefa.

CALCULE A MÉDIA

A partir de perceção de esforço da atividade anterior, somamos o tempo estimado para cada tarefa de cada funcionalidade e, com esta atividade, somamos a duração prevista por funcionalidades de cada onda escolhida do sequenciador. Desta forma, chegamos a uma média de esforço para cada onda, definido por pessoa e por unidade de tempo.

As duas ilustrações a seguir demonstram o cálculo por amostra realizado para duas equipas nas suas respetivas Lean Inceptions.

F4	¼ ¼ ½ ½ 2 2	5 ½	12 d
F5	½ ½ ½ ½ ½ 2 2	6 ½	
F6	½ ½ ½	1 ½	
F7	¼ ½ ½ ½ 5	6 ¾	11 ½ d
F8	¼ ½ ½ 2	3 ¼	
F9	¼ ¼ ¼ ½ ½ ½	2 ¼	
F10	¼ ½ ½ ½ 2	3 ¾	9 d de um par de Dev.
F11	½ ½ 2	3	

A tabela anterior mostra o cálculo realizado para obter a média de tempo estimado por onda. Cada tarefa foi estimada em dias para uma dupla de *developers*. Nela, cada linha mostra o somatório da duração prevista das tarefas de uma funcionalidade. A medida de tempo estimada para cada tamanho de tarefa foi: ¼ de um dia (pequeno), meio dia (médio), dois dias (grande) ou cinco dias (extra-grande). Fazendo o somatório de tarefas por funcionalidade — e depois de funcionalidades por onda —, o grupo alcançou os valores de doze dias, onze dias e meio e nove dias, respetivamente, para as ondas 2, 3 e 4. Deste modo, a média usada para tal grupo foi de dez dias para uma dupla de *developers* por onda.

A seguir há mais um exemplo de resultado para outro grupo:

FUNCIONA-LIDADE	PP 1 dia	P 1 semana	M 2 semanas	G 4 semanas	
56	1	1		2	9 sem. 1 d.
50	1	2			2 sem. 1 d. } 14 sem.
13A	2		1		2 sem. 2 d.
45	2	2			2 sem. 2 d.
31	1	3			3 sem. 1 d. } 9 sem.
33	1	3			3 sem. 1 d.

A tabela anterior mostra outro resultado de uma Lean Inception para duas ondas de amostra selecionadas: nove e catorze semanas. Depois de verificar este resultado, o *stakeholder* principal disse: "Então, cada onda demora, aproximadamente, doze semanas a ser completada por um *developer*. Como temos seis *developers* nesta equipa, parece que podemos entregar uma onda a cada duas semanas (doze semanas para um *developer* equivale a duas semanas de seis) ou uma onda por Sprint, de acordo com a terminologia do Scrum." E continuou: "Como o nosso MVP está na onda 5, acredito que preciso ajustar o planeamento".

O CANVAS MVP

Chegámos finalmente ao ápex da Lean Inception: o Canvas MVP. Aqui, vamos detalhar o MVP e as suas funcionalidades, sob as perspectivas de **Design Thinking** e de **Lean Startup**.

O Canvas MVP foi concebido como uma atividade da Lean Inception, sendo a última do *workshop*. Porém, pode ser utilizada independente da sequência de atividades da Lean Inception.

Dito isto, reitero que considero muito importante o alinhamento entre os participantes da Lean Inception sobre os aspectos de produto, os objetivos, as personas, as funcionalidades, as jornadas e a sequência de funcionalidades que compõem cada MVP, pois isso ajuda ao preenchimento do Canvas MVP.

Uma hora é o tempo aproximado para preencher o Canvas MVP após serem realizadas as atividades da Lean Inception, com um bom nível de detalhe e com bastante discussão sobre cada bloco do Canvas.

Em contrapartida, uma equipa que não tenha seguido o passo a passo da Lean Inception vai precisar de mais tempo e muito mais conversa para preencher o Canvas.

PREENCHA O CANVAS MVP

Considerando que a equipa já discutiu sobre o que compõe o MVP e já conversou sobre o que espera dele, é chegado o momento de colocar tudo no papel. Ou melhor, definir os blocos essenciais num único local: o Canvas MVP.

PASSO A PASSO DA ATIVIDADE

1. Imprima o Canvas MVP[9] ou desenhe-o em uma folha de *flip chart*.

2. Escolha o MVP a ser elaborado.

3. Preencha, em grupo, cada um dos sete blocos do Canvas MVP.

O Canvas MVP é dividido em sete partes. A seguir pode ver as perguntas que devem ser respondidas em cada uma delas, na ordem indicada:

1. **Proposta do MVP:** Qual é a proposta deste MVP?

2. **Personas segmentadas:** Para quem é este MVP? Podemos segmentar e testar este MVP num grupo menor?

3. **Jornadas:** Que jornadas são melhoradas com este MVP?

4. **Funcionalidades:** O que vamos construir neste MVP? Que ações serão simplificadas ou melhoradas neste MVP?

5. **Resultado esperado:** Que aprendizagem ou resultado procuramos neste MVP?

6. **Métricas para validar as hipóteses do negócio:** Como podemos medir os resultados deste MVP?

7. **Custo e cronograma:** Qual é o custo e a data prevista para a entrega deste MVP?

O SEQUENCIADOR E O CANVAS MVP

O sequenciador auxilia na organização e na visualização das funcionalidades e da sequência de disponibilização de entrega incremental do produto mínimo e viável. O sequenciador organiza e planeia entregas do produto, deixando claras as funcionalidades do MVP e os incrementos subsequentes.

---

9   Artigo sobre o quadro MVP (incluindo arquivo para impressão) por Paulo Caroli (2018). Disponível em: www.caroli.org/o-quadro-mvp/. Acesso em: jul. de 2020.

Além de mostrar os cartões de funcionalidades ordenados, o sequenciador mostra claramente o agrupamento de funcionalidades do MVP e os seus incrementos subsequentes. Isto é representado por *post-its* colados no sequenciador, delimitando o MVP1, o MVP2 e assim sucessivamente.

Se usou o sequenciador de funcionalidades e marcou nele três MVPs, sugiro que imprima três Canvas MVP e preencha um para cada MVP identificado. Porém, se usou o sequenciador e estão nele muitos MVPs, também sugiro que faça três impressões e somente preencha três quadros para os três primeiros MVPs.

O facto é que estamos a trabalhar com MVP e não queremos ir longe demais. Talvez o sequenciador tenha muitas funcionalidades e, ao ordená-las e agrupá-las, tenham surgido alguns MVPs. Isso acontece porque geralmente os participantes dos *workshops* Lean Inception primeiro pensam de forma mais abrangente, para depois tentar determinar a sequência dos produtos ou tarefas mínimos e viáveis. E o sequenciador de funcionalidades demonstra claramente o pensamento coletivo sobre a evolução do produto via MVP.

Porém, isto é apenas um mapeamento, um plano que criamos de acordo com a perceção atual. E essa sequência é criada assumindo que o MVP alcança o que procuramos dele. Mas não se iluda! A aprendizagem com o MVP e posteriormente com os MVPs seguintes vai trazer-lhe novas aprendizagens. A equipa vai ter que repensar o seu produto e os próximos MVPs com as suas funcionalidades.

Fazer um Canvas MVP e guardá-lo na gaveta seria um desperdício. Faça um, dois, no máximo três, mas não mais que isso. A imagem do exemplo é um caso real; aquela equipa criou apenas um Canvas MVP para o primeiro MVP. Faça como eles fizeram. Apenas crie um novo Canvas MVP quando estiver próximo de trabalhar no MVP em questão, considerando toda a aprendizagem até ao momento.

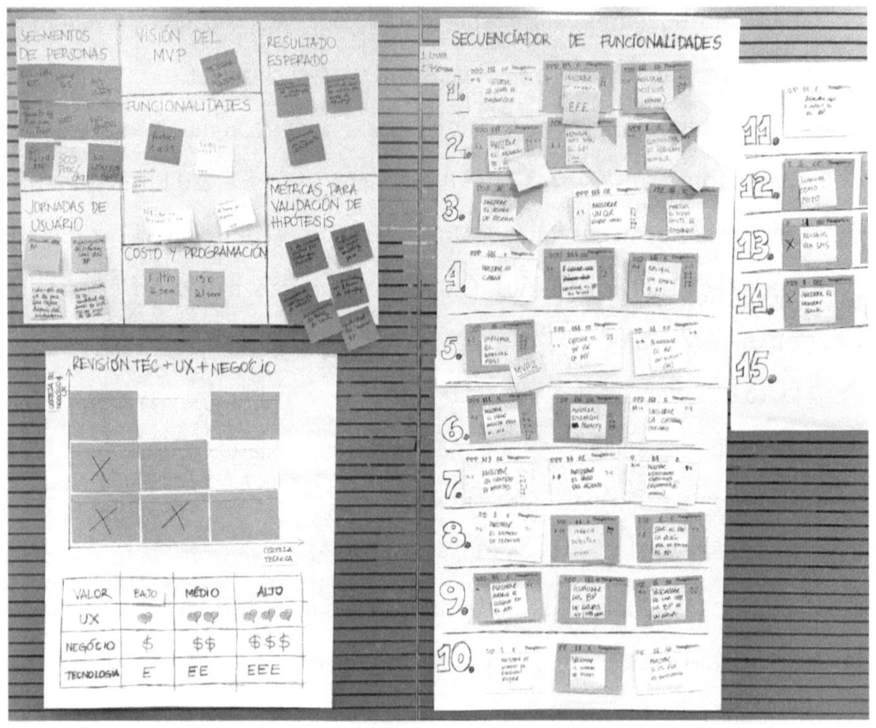

Canvas MVP ao lado do sequenciador de funcionalidades

FOCO NA PROPOSTA

Quanto mais focado for o MVP, melhor. Ele deve validar uma necessidade para um segmento de personas e uma hipótese do negócio e geralmente estas características estão relacionadas. No entanto, em alguns contextos, o MVP é mais abrangente. Seja qual for o seu cenário, seja claro sobre a **proposta do MVP**.

Pergunte-se até ter a certeza: Qual é a proposta deste MVP?

Um exemplo de proposta de MVP: Validar se moradores do bairro Madureira chamariam um táxi pelo website. Esta proposta é muito próxima a história da EasyTaxi em 2011: "a aplicação começou com um MVP *'concierge'*. A equipa de fundadores disponibilizava uma página na internet para que os utilizadores inserissem manualmente a morada onde estavam – e um clique no botão 'Chamar meu taxi' gerava o email para os sócios. Estes, assim que recebiam a mensagem, ligavam para as cooperativas para pedir um táxi para a morada. Bingo! Foi assim que tudo começou! Os fundadores tinham validado uma hipótese básica: muitas pessoas estavam dispostas a usar um serviço que chamaria táxis por elas".

MINIMIZE OS RISCOS COM PERSONAS SEGMENTADAS

Os participantes da Lean Inception já pensaram no MVP e nas suas funcionalidades. Também já realizaram a atividade sobre personas e, provavelmente, fizeram considerações sobre elas para decidir o MVP.

Todavia, ao preencherem o bloco **personas segmentadas** no Canvas MVP, devem ser ainda mais específicos em relação ao público-alvo. No momento de preencher o Canvas, a indagação sobre personas é diferente da reflexão sobre elas no inicio da Lean Inception. Já não estamos a falar sobre as personas do produto como um todo, devemos ser mais específicos.

Para quem é este MVP? Podemos segmentar e testar este MVP num grupo menor?

Ao responder a estas perguntas, o grupo deve conversar sobre a disponibilização do MVP e sobre como minimizar os riscos do mesmo. Por exemplo, a equipa pode decidir que um MVP ficará restrito a um grupo reduzido de pessoas e que o mesmo conjunto de funcionalidades somente será disponibilizado para um grupo mais abrangente depois da verificação do resultado esperado. Isto poderia corresponder a validar a hipótese somente num bairro antes de abrir o serviço a toda a cidade.

MELHORE A EXPERIÊNCIA NAS JORNADAS

Se o grupo seguiu as atividades da Lean Inception, as jornadas ainda estão visíveis. Nelas pode ver o passo a passo da **persona segmentada** até alcançar os seus objetivos. E mesmo que o grupo não tenha as jornadas visíveis, a seguinte pergunta deve ser respondida no bloco **jornadas**:

Que jornadas são abordadas ou melhoradas com este MVP?

A jornada mapeia a experiência que o seu produto fornece aos seus utilizadores. A resposta a essa pergunta demonstra claramente o que é que o seu produto fornece no MVP.

Durante o preenchimento do Canvas MVP, a discussão sobre jornadas deve ser mais focada do que na atividade "Mostre as jornadas" da Lean Inception. Nesse momento, apenas as jornadas das personas segmentadas contempladas ou melhoradas no MVP são avaliadas e anotadas.

Se tiver dificuldade em descrever no mínimo uma jornada, reavalie — talvez o seu MVP não contemple nada para nenhuma persona (menor que o mínimo viável). Se descrever muitas, também deve reavaliar — talvez seu MVP seja muito abrangente (lembre-se de que o "M" de MVP é de mínimo, não de máximo). Ele não deve dar resposta a todas as jornadas. Estas serão contempladas à medida que o produto evoluir.

REAVALIE AS FUNCIONALIDADES DO MVP

O sequenciador demonstra a lista de funcionalidades do MVP; comece por ela. Verifique os blocos que já foram preenchidos — proposta do MVP, personas segmentadas e jornadas. Reavalie a lista e faça as seguintes perguntas sobre as funcionalidades:

- » Elas são realmente o mínimo?
- » Elas vão tornar o produto viável?
- » Poderíamos criar algo ainda mais simples?
- » Esquecemo-nos de incluir algo essencial no MVP?

Converse. Faça os ajustes e as alterações necessárias. No final, releia o bloco de funcionalidades e verifique se as seguintes perguntas estão respondidas:

O que vamos construir neste MVP? Que ações serão simplificadas ou melhoradas neste MVP?

VALIDE AS HIPÓTESES NO NEGÓCIO

Design centrado no utilizador — é isso que queremos alcançar. Para criar o MVP, devemos considerar os utilizadores e as jornadas. Devemos trabalhar nas ações que melhoram ou simplificam as suas vidas. Isso já está visível nos blocos de personas segmentadas, jornadas e funcionalidade.

Mas não é tudo! É preciso descrever as hipóteses do negócio. Precisamos de entender se realmente estamos a progredir, se realmente estamos a alcançar o resultado e a aprendizagem desejados.

Depois de definir as funcionalidades do MVP, devemos ligá-lo aos resultados esperados e às hipóteses do negócio. O modelo a seguir ajuda a fazê-lo:

> Nós acreditamos que **este MVP** vai conseguir _______________
> *(resultado esperado)*.
> _______________
> Saberemos que isso aconteceu com base em _______________
> *(métricas para validar as hipóteses do negócio)*.

O modelo acima é uma adaptação do modelo de Jeff Gothelf para o desenvolvimento orientado por hipóteses. A equipa precisa de preenchê-lo, pois se não conseguirem completá-lo, não saberão o que esperar do MVP nem como medi-lo. E, nesse cenário, o produto estará à deriva, sem direção.

Este poderoso modelo para decisão baseada em hipóteses está contemplado no Canvas MVP nos blocos **resultado esperado** e **métricas para validar as hipóteses do negócio**.

Que lição ou resultado procuramos neste MVP? Como podemos medi-lo? Importante: Não crie funcionalidades para um produto se não souber descrever o que espera como resultado e como medi-lo.

Cabe sublinhar que aprendizagem também é um resultado. Para existir aprendizagem, porém, precisamos de declarar que "o resultado esperado é aprender". Posto isto, é importante dizer em voz alta a toda a equipa: "Queremos compreender melhor, aprender mais sobre isto ou aquilo. Para o fazer, vamos recolher os seguintes dados, que nos ajudarão a verificar se estamos a alcançar a aprendizagem desejada."

CONVERSE SOBRE CUSTO E CRONOGRAMA

Inevitavelmente, logo após responder à pergunta:" O que é o MVP?" (e isso estará muito bem respondido nos seis primeiros blocos do Canvas MVP), vão perguntar-lhe: "Quando?" e "Quanto?".

 **Qual o custo e o cronograma para este MVP?**

No Canvas MVP, esta pergunta é propositadamente deixada para último lugar, pois só deve ser respondida após os outros blocos serem preenchidos.

É importante que todos participem neste momento, conversem e respondam à pergunta. Estimativas são um assunto delicado e é preciso muita técnica para ajudar e muitas pessoas para alertar para potenciais problemas .

Como disse Ron Jeffries, um dos precursores do Extreme Programming, "as estimativas são difíceis quando os requisitos são vagos — e parece que os requisitos são sempre vagos. [...] Mesmo com requisitos claros — e parece que estes nunca o são —continua a ser quase impossível saber quanto tempo vai demorar determinado projeto".

Anteriormente neste livro, foi demonstrado um cálculo por amostra para ajudar a compreender a quantidade de esforço, tempo e custo associados à criação das funcionalidades do MVP. Além do custo da criação, que outros custos estão associados ao MVP? Por exemplo: temos alguma campanha de marketing associada ao trabalho? Algum outro gasto? Considere as respostas de todas as perguntas que surgirem para detalhar o custo do MVP.

Muitas vezes, associada à pergunta sobre o custo, vem também a pergunta sobre o cronograma. Novamente, o cálculo por amostra apresentado anteriormente ajuda a desenvolver uma perceção do tempo necessário para criar as funcionalidades do MVP. Além destas, que outras componentes são necessárias para o MVP? Algum trabalho de infraestrutura antes de começar o MVP? Existe alguma dependência externa? Existe alguma data ou tempo para estes extras acontecerem? Considere as respostas de todas as perguntas que surgirem para criar o cronograma do MVP.

SOBRE A ESTRATÉGIA DO MVP

Como já foi dito, o Canvas MVP é uma ferramenta para validar ideias de produtos. Do Lean Startup, temos o *loop* construir-medir-aprender. Este *loop* é representado pelos blocos **funcionalidades**, **resultados esperados** e **métricas para validação das hipóteses**, os quais respondem às seguintes perguntas: O que vamos construir neste MVP? Como medimos os resultados deste MVP? Que aprendizagem ou resultado procuramos com este MVP?

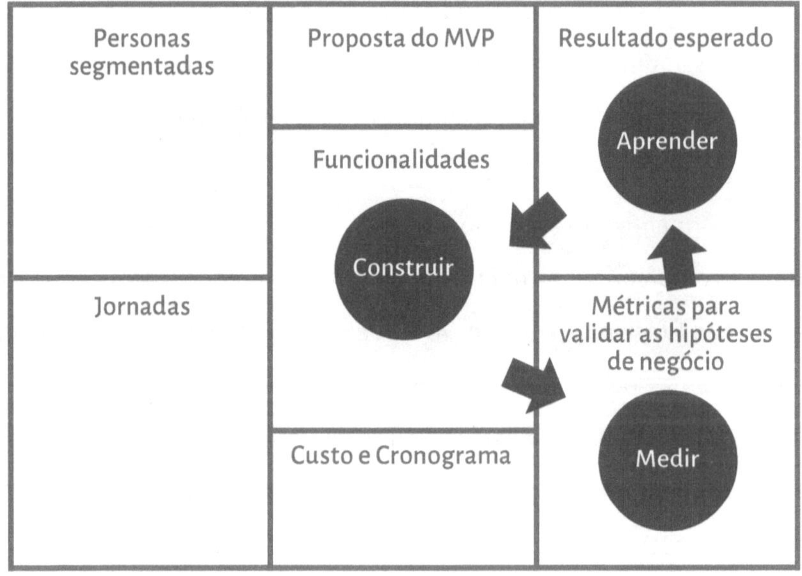

Canvas MVP e *loop* construir-medir-aprender

LEMBRE-SE DE QUE O "M" DE MVP É DE **MÍNIMO**, NÃO DE MÁXIMO.

O *loop* construir-medir-aprender parece direto, mas é difícil colocá-lo em prática devido à dicotomia existente entre uma abordagem científica (construir para aprender) e uma abordagem centrada no utilizador (aprender para construir). Para ajudar na compreensão e construção do MVP, complementamos o *loop* do Lean Startup com outro *loop*: o utilizador-jornada-ação, que traz uma abordagem de User Centric Design com foco nas personas segmentadas e nas suas jornadas.

Construir para aprender ou aprender para construir

Para quem é o MVP? Que jornada será melhorada nele? Que ação será simplificada ou melhorada no MVP? A resposta a essas três perguntas fecha o *loop* utilizador-jornada-ação.

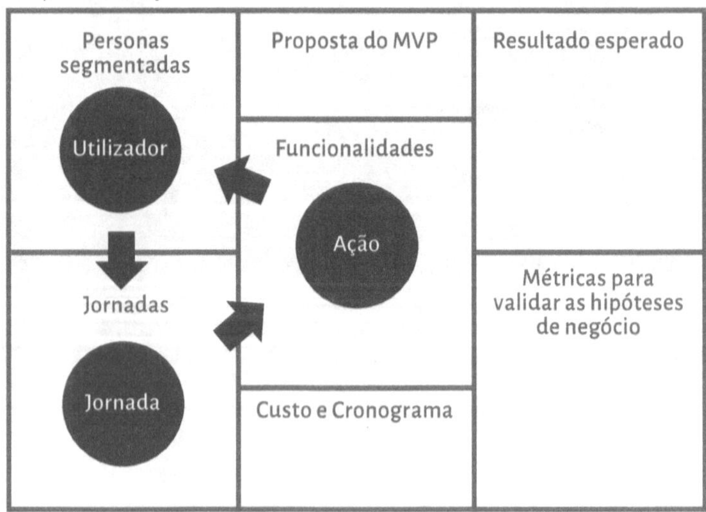

Canvas MVPe o *loop* utilizador-jornada-ação

Ao preencher o Canvas MVP, posicionamos os dois loops lado a lado – o da Lean Startup, construir-medir-aprender e o do Design Thinking, utilizador-jornada-ação.

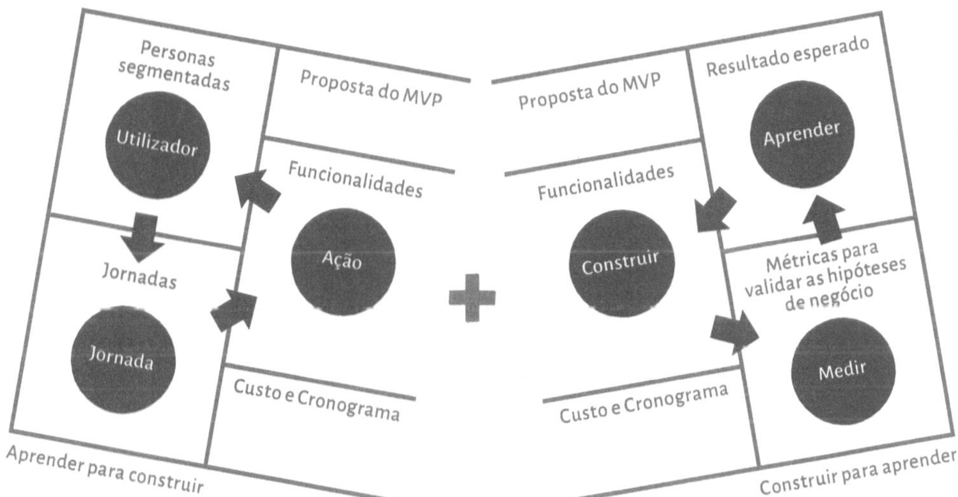

Canvas MVP = aprender para construir + construir para aprender

Os *loops* sobrepõem-se no bloco de funcionalidades. "Que funcionalidades devo construir para este MVP?". Note que esta pergunta pode ser colocada de duas formas diferentes: (1) O que vamos **construir** neste MVP? e (2) Que **ações** serão simplificadas ou melhoradas neste MVP?

"**Construir**", pela abordagem Lean Startup, ou "**Ação**", pela abordagem do Design Thinking. Ambos se referem às funcionalidades do MVP disponibilizadas para os seus utilizadores. Por este motivo, o bloco funcionalidades representa o ponto central do Canvas.

> *"Grandes coisas são feitas por uma série de pequenas coisas reunidas."*
>
> Vincent Van Gogh

Obrigado por me ter acompanhado no percurso da Lean Inception, espero que este conhecimento faça muita diferença nos seus negócios e que o seu MVP alcance muito sucesso.

ANEXOS

EXEMPLO DE UMA LEAN INCEPTION

"Gostaria de ver um exemplo completo de uma Lean Inception". Este é um pedido recorrente que recebo de leitores. Imagino que seja mais fácil ler este livro para quem já participou numa formação ou *workshop* Lean Inception. Por mais que o livro explique os ingredientes da receita e o passo a passo de cada atividade, entendo que alguns leitores sintam necessidade de ver um exemplo completo. É como seguir uma receita para fazer um bolo especial de chocolate após ter experimentado o tal bolo especial de chocolate. E é isso que partilho neste capítulo.

Por motivos de confidencialidade das empresas que me contrataram para facilitar as suas Lean Inceptions, não posso partilhar o resultado das atividades nem os seus produtos. Muitos destes produtos começaram como produtos *lean*, com os seus MVPs incrementais e hoje são diferenciadores nos seus ramos de atuação. Deste modo, selecionei um exemplo real e ilustrativo e que pode ser partilhado. O produto *lean* foi idealizado durante uma formação Lean Inception numa conferência nacional por mais de vinte participantes de diversas organizações. A ideia do produto foi criada e partilhada com todos, sem ser de uma empresa específica e sem confidencialidade ou conflitos de interesse. Veja em **www.caroli.org/easy-bola** as fotos deste exemplo de Lean Inception.

Como a formação tinha a duração de oito horas, a agenda semanal típica de uma Lean Inception foi compactada para caber em menos horas. A agenda *burn-up* foi essencial para manter todos os participantes alinhados sobre o quão rápido teria que ser o ritmo da Lean Inception.

Reitero que o conteúdo a seguir é de um exemplo ilustrativo realizado num único dia e, portanto, provavelmente reduzido na quantidade de artefactos gerados: personas, jornadas e funcionalidades. O objetivo da formação era alcançar o mínimo necessário em cada atividade, de modo a demonstrá-las e simular o ambiente colaborativo das Lean Inceptions.

KICK-OFF

O dia começou com um quebra-gelo. Utilizei o quebra-gelo Zip Zap Zoom, que durou menos de dez minutos e foi bastante útil para trocar nomes, começar o dia com bastante energia e dar algumas gargalhadas.

De seguida, fiz uma breve apresentação sobre a Lean Inception (a mesma apresentação que utilizo nos *kick-offs* nas Lean Inceptions em empresas). Esta ajuda a alinhar o conceito de MVP e a explicar a sequência de atividades que serão executadas.

Por fim, ao invés do *kick-off* típico geralmente realizado por *stakeholders*, em que se fala sobre o produto ou a ideia a ser concebida durante a Lean Inception, o *kick-off* do *workshop* em questão seguiu outro estilo. Perguntei aos participantes quem tinha ideias de produtos que gostasse de explorar durante o dia. Três ideias foram apresentadas e todos os participantes votaram em qual delas queriam trabalhar como exemplo de produto para a Lean Inception

ESCREVA A VISÃO DO PRODUTO

O produto mais votado era uma aplicação para jogadores de futebol informais — aquelas pessoas que gostam de jogar futebol com os seus amigos do trabalho, do ginásio ou de algum outro grupo de colegas disposto a marcar um jogo.

Para ajudar os três idealizadores a descrever as suas ideias, fomentar a participação de todos e prover uma votação com uma boa compreensão das ideias, utilizámos o *template* de visão do produto para cada ideia. Em grupos de sete pessoas, os idealizadores e outros participantes descreveram a visão de cada produto

> Para os jogadores
>
> que tem dificuldade em encontrar jogos de futebol.
>
> O Easy-bola
>
> é uma aplicação *mobile*
>
> que facilita encontrar jogos.
>
> Diferentemente de um boca a boca
>
> o nosso produto maximiza as hipóteses de que jogos sejam marcados

O quadro acima foi o resultado da visão do produto da aplicação para jogadores informais. As atividades seguintes deste capítulo são sobre o Easy-bola. Estas atividades ajudaram a compreender o produto *lean*, do MVP e dos incrementos a serem construídos para a criação e validação da ideia da aplicação *mobile*.

O PRODUTO É/NÃO É/FAZ/NÃO FAZ

De seguida, foi realizada a atividade É - Não é - Faz - Não faz para ajudar à definição do Easy-Bola. Esta atividade ajudou a esclarecer mais sobre a ideia do produto, focando o MVP e eliminado o excesso inicial de funcionalidades. Neste momento surgiram conversas importantes como:

» A aplicação será gratuita

» Não terá website ou versão online.

» Ter serviço de localização é muito interessante.

» A aplicação não cria equipas, apenas gere pagamentos e organiza campeonatos

Segue abaixo a transcrição dos *post-its* escritos durante a atividade. Veja as fotos desta Lean Inception em **www.caroli.org/easy-bola**.

» **O produto é:** aplicação, aplicação *mobile*, multiplataforma, facilitador da organização de jogos, gratuito.

» **O produto não é:** página no Facebook, perfil no Twitter ou conta Whatsapp, um website, um *chat*, um *messenger*.

» **O produto faz:** marca jogos (agenda), marca campos, lista jogos, localiza jogos próximos, tem geolocalização e avisos sobre ocorrências, notifica utilizadores, *rating* do utilizador, avaliação de reputação.

» **O produto não faz:** organiza jogos, define equipas por ordem de pedido, organiza equipas, cria equipas, gere pagamentos, não faz jogos privados, não organiza campeonatos.

ESCLAREÇA O OBJETIVO

Após os dois exercícios anteriores, realizamos a atividade para esclarecer o objetivo do produto. Nesse momento, foi solicitado a todos os participantes que partilhassem a visão que tinham para os três objetivos principais do produto. Cada participantes escreveu três *post-its*. Ao recolher os *post-its* e colocá-los em grupos de afinidade foram identificados os três principais:

- » Encontrar jogos
- » Divulgação
- » Opções de jogos

DESCREVA AS PERSONAS

Após uma boa compreensão do produto, foi o momento de mudar o foco e procurar gerar o mesmo nível de alinhamento em relação às personas — os utilizadores do produto. Para isso, utilizamos o *template* dos quadrantes para identificar os tipos de personas. Com ele, criámos apelidos para cada tipo de persona, descrevemos os seus respetivos perfis, as suas características comportamentais e as suas necessidades específicas. Mesmo num espaço de tempo tão curto, todos os participantes colaboraram nos grupos que criaram as personas — e também se divertiram com descrições, apelidos e desenhos.

Para criarem as personas, os vinte participantes foram divididos em três grupos mais pequenos. Cada grupo criou duas ou três personas e apresentou-as a todos os participantes. Seguidamente, personas duplicadas (ou muito semelhantes) foram descartadas e todos os presentes votaram nas quatro melhores personas para o produto.

Segue a descrição da persona mais votada: o João "bom de bola":

- » **Nome:** João "bom de bola".
- » **Perfil:** 28 anos, casado, sem filhos, gestor de marketing digital, com estudos superiores.
- » **Comportamento:** amigável, competitivo, assíduo, exigente com o campo, passa horas nas redes sociais.
- » **Necessidades:** jogar todas as semanas com qualquer pessoa e em qualquer local, jogos de alto nível, jogar à noite e aos fins de semana.

BRAINSTORMING DE FUNCIONALIDADES

Após termos evoluído no produto, nos objetivos e nas personas, chegou o momento de pensar e criar as funcionalidades (previstas para o produto *lean*). Para isso, utilizámos a atividade *brainstorming* de funcionalidades.

Os objetivos estavam no Canvas como títulos de colunas, enquanto as personas estavam no Canvas como títulos de linhas. Isto forma o Canvas para o *brainstorming* de funcionalidades. E assim estão reunidas as condições necessárias para o facilitador do *workshop* promover a atividade.

O que deve ter o produto para corresponder às necessidades da persona? Que funcionalidades devemos construir para atingir este objetivo do produto? Com estas perguntas, a discussão é guiada para a descoberta das funcionalidades que são realmente necessárias para alcançar os objetivos e agradar às personas. As funcionalidades são anotadas em *post-its* e colocadas no Canvas. As perguntas são repetidas para cada combinação de persona e objetivo e, deste modo, os principais objetivos e as principais personas são priorizados.

A seguir está o resultado dos *post-its* após o *brainstorming* de funcionalidades:

» Consulta de jogos com geolocalização

» Consulta de jogos sem geolocalização

» Classificação de campos

» Ranking do jogador

» Detalhes do jogo (local, horário e data)

» *Ranking* dos jogadores (visualização)

» Detalhes financeiros do jogo

» Histórico do jogador

» Histórico do jogo

» Convidar amigos para o jogo

- » Filtro detalhado
- » Módulo de notificação
- » Confirmação de presença
- » Notificação de jogo confirmado
- » Notificação de jogo cancelado
- » Cancelar presença
- » Cancelar jogo

REVISÃO TÉCNICA, DE NEGÓCIO E DE UX

As funcionalidades foram listadas e aceites sem ressalvas, sem perder muito tempo com detalhes ou fazer muitas anotações ou ter conversas longas sobre incertezas, esforço, valor de UX e valor para o negócio.

Porém, estas conversas e informações mais detalhadas são muito úteis para uma melhor compreensão e planeamento da criação de produtos *lean*. A revisão técnica, de negócio e de UX procura, através do gráfico de semáforo e da tabela de esforço, negócio e UX, tal informação de forma rápida e eficiente.

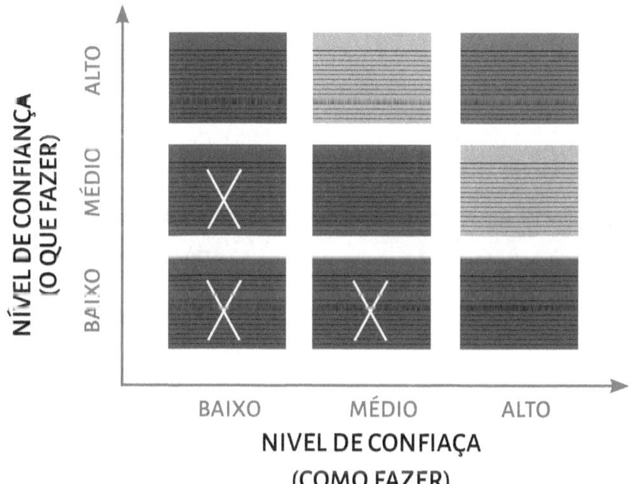

UX	♡	♡♡	♡♡♡
NEGÓCIO	\$	\$\$	\$\$\$
TECH	E	EE	EEE

Cada funcionalidade passa pelo gráfico e, desta forma, recebe uma cor que representa o nível de confiança. Na tabela, a funcionalidade recebe pontuações de esforço, valor de negócio e valor de UX. Além destas pontuações, toda e qualquer informação extra sobre a funcionalidade é escrita num *post-its* e colocada na parte de trás do cartão da funcionalidade. Alguns exemplos destas anotações são: usar API do Google para geolocalização, assumir que somente vai funcionar para versões *mobile* mais atuais etc.

Durante a atividade, definimos uma cor para representar cada nível de confiança no cartão da funcionalidade: verde para um nível de confiança alto, amarelo para médio e vermelho para baixo. Já as pontuações de esforço, de valor de negócio e valor de UX variam numa escala um, dois ou três ou noutra que mantenha esta proporção. As cores e as pontuações das funcionalidades ajudaram os participantes nas atividades subsequentes, permitindo-lhes priorizar, estimar e planear o MVP e os seus incrementos.

A tabela abaixo apresenta a transcrição dos *post-its* de funcionalidades, agora com os respetivos níveis de incerteza, esforço, valor de UX e valor de negócio.

FUNCIONALIDADE	NÍVEL DE CONFIANÇA	ESFORÇO	VALOR UX	VALOR DE NEGÓCIO
CONSULTA DE JOGOS COM GEOLOCALIZAÇÃO	AMARELO	EE	♡♡♡	\$\$\$
CONSULTA DE JOGOS SEM GEOLOCALIZAÇÃO	VERMELHO	E	♡♡	\$\$
CLASSIFICAÇÃO DE CAMPOS	VERMELHO	E	♡♡♡	\$
RANKING DO JOGADOR	VERDE	EE	♡♡	\$

DETALHES DO JOGO (LOCAL, HORÁRIO E DATA)	VERMELHO	E	♡♡♡	$$
RANKING DOS JOGADORES (VISUALIZAÇÃO)	AMARELO	EE	♡♡	$
DETALHES FINANCEIROS DO JOGO	VERMELHO	E	♡	$$
HISTÓRIDO DO JOGADOR	VERMELHO	E	♡	$
HISTÓRICO DO JOGO	VERMELHO	E	♡♡♡	$$$
CONVIDAR AMIGO PARA JOGO	AMARELO	EE	♡♡♡	$$
FILTRO DETALHADO	VERMELHO	EE	♡	$$
MÓDULO DE NOTIFICAÇÃO	VERDE	EEE	♡♡	$
CONFIRMAÇÃO DE PRESENÇA	VERMELHO	E	♡♡	$$$
NOTIFICAÇÃO DE JOGO CONFIRMADO	VERMELHO	EE	♡♡	$$$
NOTIFICAÇÃO DE JOGO CANCELADO	VERMELHO	EE	♡	$$$
CANCELAR PRESENÇA	VERMELHO	E	♡♡	$$$
CANCELAR JOGO	VERMELHO	EE	♡♡	$$$

MOSTRE AS JORNADAS DOS UTILIZADORES

Neste momento, regressamos à perspetiva das personas, mas agora focamo-nos nas jornadas, i.e. o passo a passo necessário para alcançar um objetivo. Os participantes foram novamente separados em grupos e cada um selecionou uma persona para identificar os principais cenários para que esta possa alcançar seus maiores objetivos. O passo a passo de cada cenário foi descrito com *post-its* colados num *flip chart*.

As seguintes perguntas ajudaram a dar início à descrição das jornadas:

» Qual o objetivo é que a persona quer alcançar?

» Como é que ela começa o seu dia?

» O que é que ela faz depois disto até alcançar o objetivo?

De seguida, temos dois exemplos de jornadas:

JOÃO "BOM DE BOLA": REGISTA UM JOGO

» Acorda cedo para o trabalho

» Exagera no pequeno-almoço

» Chega ao trabalho às 9:00

» Durante uma reunião, decide fazer alguma atividade física

» No almoço, convence um amigo do trabalho a jogar futebol ao fim do dia

» Liga e reserva um campo

» Abre o Easy-bola

» Regista o jogo para as 20:00 do mesmo dia

» Coloca as informações do campo

» Envia convite para os amigos

AMIGO DO TRABALHO: ACEITA CONVITE PARA UM JOGO

» Acorda atrasado para o trabalho.

» Come uma barra de cereais no metro

» Chega ao trabalho às 9:30.

» Vai à ginásio durante a hora de almoço

» Durante uma reunião, recebe uma notificação do Easy-bola

» Verifica as informações do jogo

» Verifica a classificação do campo

» Confirma sua presença no jogo

» Sai da reunião para outra reunião

» Às 17:14 recebe a confirmação do jogo

COLOQUE AS FUNCIONALIDADES NAS JORNADAS

Note que alguns dos passos das jornadas descritas acima representam pontos diferentes de contacto com o produto, caracterizando a interação do utilizador com o mesmo. Esta é a altura de verificar toda a análise feita até ao momento, comparando estes pontos de contacto com o produto com as funcionalidades e as suas informações.

Abaixo pode ver o exemplo da jornada anterior, agora com as funcionalidades necessárias associadas a alguns passos.

AMIGO DO TRABALHO: ACEITA CONVITE PARA UM JOGO

PASSO	FUNCIONALIDADE
ACORDA ATRASADO PARA O TRABALHO	-
COME UMA BARRA DE CEREAIS NO METRO	-
CHEGA AO TRABALHO ÀS 9:30	-
VAI AO GINÁSIO NA HORA DE ALMOÇO	-
DURANTE UMA REUNIÃO, RECEBE UMA NOTIFICAÇÃO DO EASY-BOLA	MÓDULO DE NOTIFICAÇÃO
VERIFICA AS INFORMAÇÕES DO JOGO	DETALHES DO JOGO (LOCAL, HORÁRIO E DATA)
VERIFICA A CLASSIFICAÇÃO DO CAMPO	CLASSIFICAÇÃO DE CAMPO
CONFIRMA SUA PRESENÇA NO JOGO	CONFIRMAÇÃO DE PRESENÇA
SAI DA REUNIÃO PARA OUTRA REUNIÃO	-
ÀS 17:14 RECEBE A CONFIRMAÇÃO DO JOGO	NOTIFICAÇÃO DE JOGO CONFIRMADO

CONSTRUA O SEQUENCIADOR

Finalmente chegámos ao momento de decidir MVPs. Este é o passo em que toda a análise até ao momento (produto, personas, funcionalidades e jornadas) é colocada à prova perante um quadro de regras simples, porém essenciais para organizar e visualizar as funcionalidades e a relação delas com os MVPs.

Como facilitador do *workshop*, descrevi as regras do sequenciador e deixei os participantes à vontade para organizar as funcionalidades no sequenciador.

Enquanto os participantes escolhiam e ordenavam as funcionalidades no sequenciador, escrevi "MVP" num *post-it*. Pedi-lhes que verificassem quando uma composição de funcionalidades alcançasse uma versão simples do produto que poderia ser disponibilizada para validar uma hipótese do negócio. Os participantes colaram o *post-it* ao lado direito do *flip chart*, identificando as funcionalidades do MVP. Também colaram outros *post-its* com "MVP2", "MVP3" e "MVP4" que indicavam incrementos ao produto.

Abaixo está o resultado da atividade do sequenciador de funcionalidades do Easy-bola, com os seus MVPs identificados e as suas respetivas funcionalidades.

FUNCIONALIDADE	ONDA	MVP
REGISTO DO JOGO	1	1
HISTÓRICO DO JOGADOR	1	1
CONSULTA DE JOGOS SEM GEOLOCALIZAÇÃO	1	1
CONFIRMAÇÃO DE PRESENÇA	2	2
DETALHES DO JOGO (LOCAL, HORÁRIO E DATA)	2	2
CANCELAR PRESENÇA	2	2
CANCELAR JOGO	3	3
MÓDULO DE NOTIFICAÇÃO	3	3
NOTIFICAÇÃO DE JOGO CONFIRMADO	4	3
NOTIFICAÇÃO JOGO CANCELADO	4	3
DETALHES FINANCEIROS DO JOGO	4	4
CONVIDAR AMIGOS PARA JOGO	5	4
RANKING DOS JOGADORES (VISUALIZAÇÃO)	5	4

PREENCHA O CANVAS MVP

Após a decisão sobre o MVP no sequenciador de funcionalidades, chegou o momento de desenhar os detalhes e validar a sua estratégia. Para isso, utilizamos o Canvas MVP.

Segue a transcrição do Canvas MVP preenchido na atividade, com o conteúdo para cada um dos sete blocos do Canvas.

PROPOSTA DO MVP:

» Validar se os moradores do bairro Pinheiros usariam a aplicação para marcar jogos.

PERSONAS SEGMENTADAS:

» João "bom de bola"

» Jogador solitário

» Somente no bairro Pinheiros

JORNADAS:

» João regista um jogo

» Jogador regista-se e procura um jogo

FUNCIONALIDADES:

» Registo do jogo, apenas para telemóveis Android

» Registo do jogador, apenas para telemóveis Android

» Consulta de jogos sem geolocalização apenas para telemóveis Android

RESULTADO ESPERADO:

» 200 utilizadores num mês

» 50 jogos no primeiro mês

» 300 *downloads* num mês

MÉTRICAS PARA VALIDAR AS HIPÓTESES DE NEGÓCIO:

» Número de utilizadores registados no banco de dados

» Número de jogos registados no banco de dados

» Número de *downloads* na Play Store

CUSTO E CRONOGRAMA:

» Duas semanas para criar a aplicação, 2 *developers*

» 3.000€ em marketing digital e panfletos (nos campos do bairro)

GLOSSÁRIO

Segue abaixo uma breve lista de termos utilizados neste livro. Cada um dos conceitos é explorado em detalhe nos vários capítulos. Não obstante, creio que é necessário um esclarecimento, mesmo que breve, para poder compreender estes conceitos desde o início.

Esta lista de conceitos deve estar visível durante o *workshop* de Lean Inception. Sugiro que faça uma cópia do glossário e a coloque na parede da sala de guerra.

PERSONAS Uma persona representa um utilizador do produto, descrevendo não só o seu papel, como também as suas características e necessidades específicas. Isto cria uma representação realista de utilizadores, ajudando a equipa a descrever funcionalidades do ponto de vista de quem interagirá com o produto final.

FUNCIONALIDADE Funcionalidade é a descrição de uma ação ou interação de um utilizador com o produto. Por exemplo: imprimir uma nota fiscal, consultar um extrato detalhado, convidar amigos para o Facebook.

NÍVEL DE CONFIANÇA DA FUNCIONALIDÁDE O nível de confiança da funcionalidade refere-se ao grau de certeza da equipa sobre **o que** é e **como**

fazer a funcionalidade. É representado pela cor do cartão de índice, que deve indicar os níveis alto, médio e baixo de confiança

ESFORÇO DA FUNCIONALIDADE O nível do trabalho que precisa de ser feito para dar vida à funcionalidade. A perceção da equipa de acordo com a dificuldade e o trabalho que vai ser necessário para completar a funcionalidade. Tipicamente representado por um, dois ou três "E" anotados no cartão de índice, indicando baixo, médio ou alto.

VALOR DO NEGÓCIO DA FUNCIONALIDADE O valor de negócio, o ROI (*return on investment*) associado à funcionalidade, uma medida do negócio sobre o valor previsto dela. Qual é o retorno do investimento ou o lucro que a funcionalidade vai trazer? Tipicamente representado por um, dois ou três "$" anotados no cartão de índice, indicando baixo, médio ou alto.

VALOR DE UX DA FUNCIONALIDADE Uma medida do quanto acreditamos que os utilizadores vão amar a funcionalidade. Tipicamente representado por um, dois ou três corações anotados no cartão de índice, indicando baixo, médio ou alto.

JORNADA DO UTILIZADOR/CONSUMIDOR A jornada do utilizador/consumidor descreve o percurso de um utilizador por uma sequência de passos dados para alcançar um objetivo. Alguns destes passos representam diferentes pontos de contacto com o produto, caracterizando a interação do utilizador com ele.

MVP O produto viável mínimo – *minimum viable product,* em inglês – (MVP), é a versão mais simples de um produto que pode ser disponibilizada ao negócio. O MVP determina quais são as funcionalidades mais essenciais para que se tenha o mínimo de produto funcional que possa acrescentar valor ao negócio (produto mínimo) e que possa ser efetivamente utilizado e validado pelo utilizador final (produto viável).

ATIVIDADES QUEBRA-GELO

ATIVIDADES QUEBRA-GELO

Quebra-gelo são atividades que servem para aquecer e promover a interação entre elementos do grupo. São uma ótima forma de começar qualquer reunião de equipa e são muito valiosos para fases iniciais de formação de grupos e Lean Inceptions. A atividade chamada Paulo Pontual já foi demonstrada na seção "Preparar-se para o *workshop*".

Este anexo inclui outras nove atividades, completando uma dezena de atividades quebra-gelo para a sua Lean Inception. Estas atividades foram cedidas pelo website e livro *Fun retrospectives*.

Pode consultar mais atividades em: www.funretrospectives.com/category/energizer/.

LOCALIZAÇÃO GEOGRÁFICA

Esta atividade é ótima para quebrar o gelo inicial e também ajuda os membros da equipa a ficarem a saber um pouco mais sobre os restantes elementos.

PASSO A PASSO DA ATIVIDADE

1. Explique aos participantes que cada um será uma localização geográfica (por exemplo: o seu país, a sua cidade ou o seu bairro).

2. Mostre onde é o Norte e o Sul da sala.

3. Depois de todos estarem nos seus lugares, peça a um voluntário que desenhe um mapa que represente a sala.

4. Depois de todos estarem nos seus lugares, peça a um voluntário que desenhe um mapa que represente a sala.

TELEFONE VISUAL

Este exercício é um ótimo *energizer* para criar mais *engagement* entre todos os participantes, bem como promover discussão sobre comunicação e as suas interpretações.

PASSO A PASSO DA ATIVIDADE

1. Divida as pessoas em grupos de três pessoas (um ou dois grupos podem ter quatro pessoas, se necessário).

2. Coloque três *post-its* e uma caneta na frente de cada pessoa.

3. Peça a todos que escrevam uma frase no *post-it*, e de seguida coloque um *post-it* em branco em cima do primeiro (neste momento, apenas o autor da frase a conhece).

4. Todos os membros do grupo passam o *post-it* para o lado, no sentido dos ponteiros do relógio.

5. Cada um lê a frase do *post-it* à sua frente e cria um desenho que represente a frase, no *post-it* em branco.

6. Todos devem voltar a passar o *post-it* para o lado no sentido dos ponteiros do relógio.

7. Num novo *post-it*, cada pessoa escreve uma frase sobre o desenho à sua frente e coloca-o em cima do conjunto de *post-its* (agora o conjunto tem três *post-its*: um com a frase original, um com o desenho e um com a nova frase).

8. Todos os participantes devem passar novamente os *post-its* para o lado no sentido dos ponteiros do relógio (para os grupos de três pessoas, o conjunto deve parar em frente ao autor da primeira frase).

9. Abra o conjunto de *post-its* para que todos possam ver as frases e os seus respetivos desenhos.

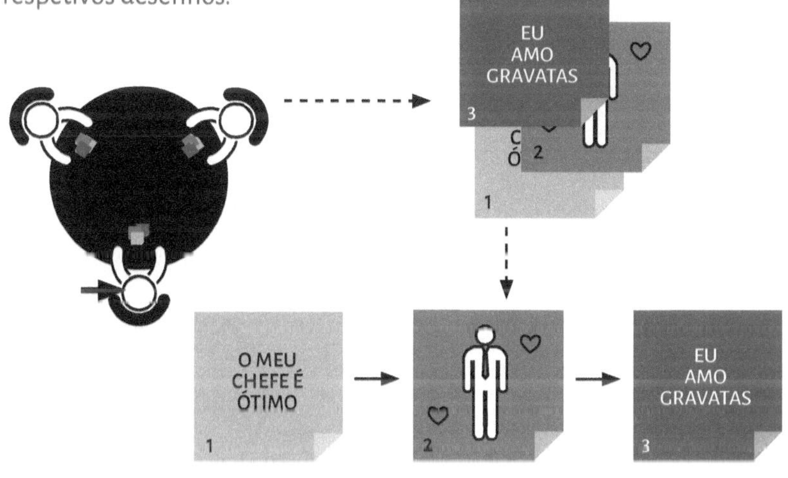

Geralmente os participantes dão algumas gargalhadas e divertem-se a comparar os desenhos e as frases.

Esta atividade tem uma mensagem subtil sobre comunicação (visual e escrita), contexto e interpretações. É a adaptação de uma atividade que aprendemos num *workshop* UX (*user experience*) dos meus queridos amigos Natalia Arsand, Glauber Ramos, Juliana Dorneles e Gabriel Albo. Eles aprenderam-na no *workshop* da IDEO, Human Centered Design.

UM DOIS PING QUATRO PONG

Esta é uma atividade curta para começar uma reunião com bom ambiente e deixar os participantes atentos e com energia.

PASSO A PASSO DA ATIVIDADE

1. Peça aos participantes que formem um círculo.

2. Os participantes devem decidir em que sentido querem movimentar-se (sentido dos ponteiros do relógio ou inverso).

3. Alguém dá início à atividade, dizendo qualquer número positivo que não seja múltiplo de 3 ou 5.

4. A próxima pessoa, seguindo a direção decidida por todos, mentalmente soma 1 ao número e:

   ▸ Se o número não é múltiplo de 3 ou 5: diz o número

   ▸ Se o número é múltiplo de 3: diz ping e bate palmas

   ▸ Se o número é múltiplo de 5: diz pong e salta

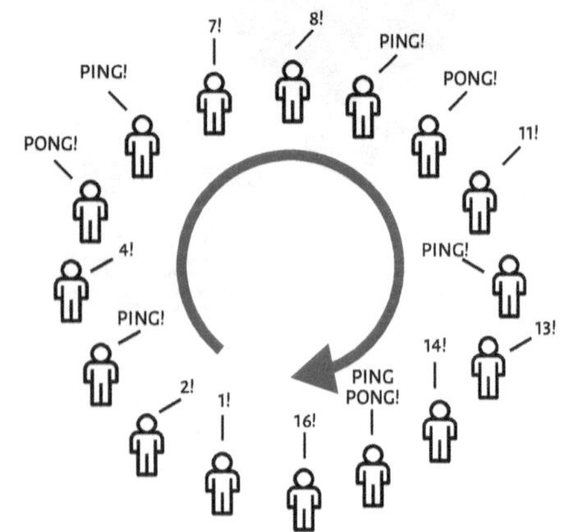

Para grupos grandes, é recomendado ir removendo pessoas do grupo sempre que alguém errar ou acusar alguém erroneamente. Em pouco tempo, todos estarão a rir e a torcer por quem permanecer dentro do círculo.

FORMAR TRIÁNGULOS

Esta atividade é um ótimo *energizer* com uma mensagem valiosa, sendo muito útil para começar uma conversa sobre equipas auto-organizadas.

PASSO A PASSO DA ATIVIDADE

Esta atividade é dividida em duas partes.

PARTE 1:

1. Peça aos membros do grupo para caminharem individualmente numa direção aleatória.

2. Depois de algum tempo, diga a palavra mágica "triângulo": cada membro do grupo terá que encontrar outras duas pessoas e formar um triângulo equilátero (cada um é um vértice do triângulo e deve apontar o braço em direção às outras duas pessoas que representam os outros vértices do triângulo).

3. Cronometre quanto tempo grupo demora a formar os triângulos.

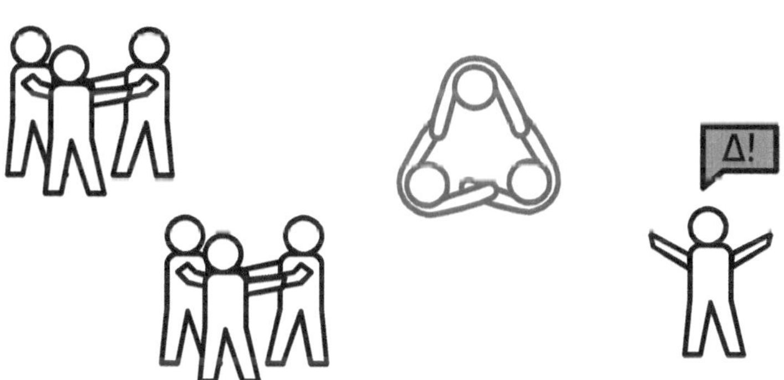

PARTE 2:

1. Selecione uma pessoa para ser o orientador do grupo.

2. Peça aos membros do grupo para caminhar numa direção aleatória.

3. Depois de algum tempo, diga a palavra mágica "triângulo". Neste momento, o orientador do grupo tem que formar triângulos equiláteros com todos os membros do grupo (incluindo-se a si próprio como parte de um dos triângulos).

4. Cronometre quanto tempo demorou o grupo a formar os triângulos.

A primeira parte mostra um grupo auto-organizado e a segunda mostra um grupo guiado por um organizador (o orientador do grupo).

Normalmente, a formação do triângulo auto-organizado é mais rápida e a equipa sente-se mais absorvida pela atividade.

Esta atividade foi feita por Heitor Roriz, um colega e *coach* de equipas. Dou os meus parabéns ao Heitor por aplicar uma atividade divertida que promove, simultaneamente, a discussão sobre um conceito essencial para equipas ágeis bem sucedidas: auto-organização.

ZIP ZAP ZOOM

Este é um bom início para reuniões, especialmente com novas equipas. Traz energia à sala e a dinâmica da atividade ajuda os participantes a lembrarem-se dos nomes uns dos outros.

PASSO A PASSO DA ATIVIDADE

1. Peça ao grupo para formar um círculo e a cada participante para fechar as suas mãos enquanto aponta com os dedos indicadores.

2. Explique os comandos Zip / zap / zoom.

3. Peça a um participante para fazer o primeiro movimento, dizendo um dos comandos verbais e escolhendo a direção inicial (sentido dos ponteiros do relógio ou inverso).

OS COMANDOS:

Cada participante deve, na sua vez, dar um comando verbal, apontando para um receptor. O comando verbal deve ser um dos seguintes:

- **Zip**: aponte para a pessoa exatamente ao seu lado, mantendo a direção anterior.
- **Zap**: aponte para a pessoa exatamente ao seu lado, mudando a direção anterior.
- **Zoom**: aponte para qualquer pessoa no círculo, dizendo o seu nome. O receptor deve decidir a direção para o próximo movimento na sua vez.

Quando um participante executar um comando errado (um comando que não existe ou apontar para a direção errada num comando zip/zap), deve ser removido do círculo.

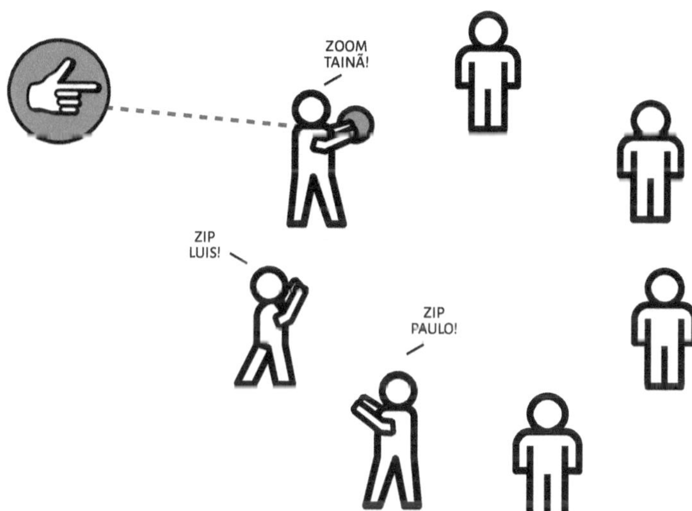

Esta atividade não é apenas um bom *energizer*, também exige foco da parte dos participantes e ajuda-os a lembrar-se dos nomes uns dos outros.

DESEMBARACEM-SE

Este quebra-gelo também é um ótimo *energizer* e uma forma de movimentar as pessoas. Passa uma mensagem muito interessante sobre encontrar soluções para situações complicadas.

PASSO A PASSO DA ATIVIDADE

1. Peça para o grupo formar um círculo.

2. Peça para todos os participantes colocarem as mãos viradas para cima.

3. Dê as instruções para se emaranharem.

   ▸ Com a sua mão direita, pegue na mão esquerda de alguém.

   ▸ Com a sua mão esquerda, pegue na mão direita de alguém.

   ▸ Não pode pegar na mão das pessoas ao seu lado.

4. Peça ao grupo para se desembaraçar sem soltar as mãos e tentar formar um círculo.

   Tamanho do grupo: de seis a doze pessoas, aproximadamente

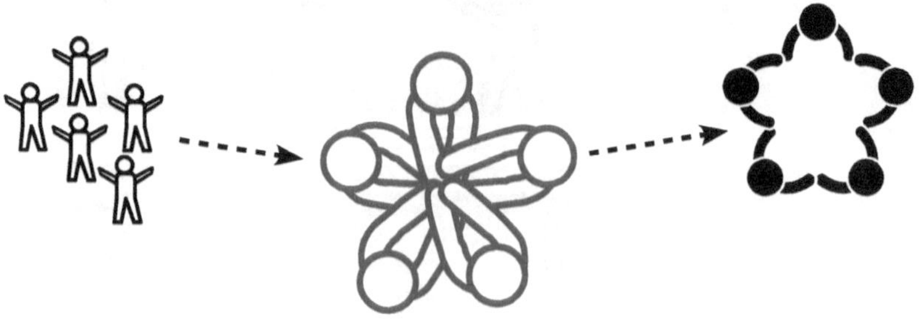

O grupo irá saltar por cima das mãos, alternar-se e encontrar uma saída, seja formando um ou mais círculos. Às vezes é impossível desembaraçarem-se. Neste cenário, peça ao grupo para remover uma pessoa. As mãos que ficarem livres devem ligar-se às pessoas remanescentes no grupo emaranhado.

PEÇAS COMPLEXAS

Esta atividade é muito boa para fazer as pessoas interagirem enquanto conversam sobre sistemas complexos e peças interligadas.

PASSO A PASSO DA ATIVIDADE

1. Todos devem colocar-se de pé e caminhar.

2. Cada pessoa pensa em duas outras pessoas.

3. Sem dizer nomes, cada pessoa deve ficar igualmente distante das duas pessoas nas quais pensou. Isto deve demorar um minuto, enquanto os participantes se movem.

4. Depois de todos pararem, peça para a pessoa mais alta do grupo ir para um canto da sala.

5. Peça para todos encontrarem as suas distâncias iguais de novo.

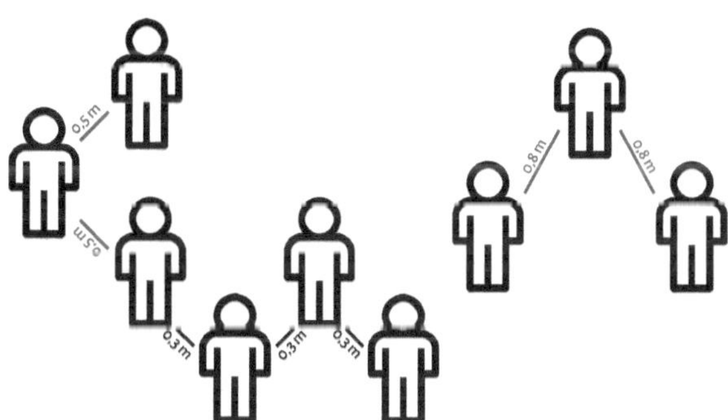

Aprendi esta atividade com Bethlem Migot, que a usava como *energizer* durante um *workshop* de análise. A atividade deixou todos energizados antes de termos uma breve conversa sobre sistemas complexos, mudanças e requerimentos interligados. Esta atividade funciona melhor em grupos de dez a trinta pessoas.

COSTAS COM COSTAS

Mais uma atividade muito enérgica e divertida que passa uma mensagem forte e simples sobre trabalho em equipa.

PASSO A PASSO DA ATIVIDADE

1. Diga aos participantes para fazerem par com alguém com altura e peso parecidos ao seu.

2. Peça para todos se sentarem no chão, com os pares de costas voltadas.

3. Peça para os pares entrelaçarem os braços, permanecendo de costas voltadas.

4. Anuncie que o objetivo é ficar de pé, mantendo braços e costas juntos.

Esta atividade é muito divertida e fará as pessoas rir. Geralmente, poucos pares conseguem ficar de pé rapidamente e a maioria tem dificuldade. Considere não fazer esta atividade se perceber que algum participante não é capaz de colocar-se pé ou que não gostará de se sentar no chão.

ENCONTRE O SEU PAR

Um exercício muito divertido para fazer todos rir e mexer-se.

PASSO A PASSO DA ATIVIDADE

1. Conte o número de participantes (é necessário que a equipa esteja em número par - decida se vai participar ou não com base nesse fator).

2. Divida o número de participantes em duplas para decidir quantos animais existirão (se forem 20 participantes, existirão 10 animais diferentes).

3. Para cada animal, escreva o nome em dois *post-its*.

4. Distribua os *post-its* entre participantes e diga-lhes para não os mostrarem a ninguém.

5. Peça para os participantes andarem pela sala.

6. Diga para toda a gente tapar os olhos com as mãos, fazer o som do "seu" animal e tentar descobrir onde está o seu par.

Aprendi esta atividade com Bethelm Migot. Confesso que demorei algum tempo a usá-la, mas decidi tentar depois de vê-la ser executada várias vezes e perceber que as pessoas gostavam dela. Recomendo cuidado com diferenças culturais e que antes de aplicar esta atividade procure ter a certeza que os participantes estão habituados a fazer *energizers*.

REFERÊNCIAS BIBLIOGRÁFICAS

Agenda burn-up. Disponível em: <www.caroli.org/agenda-burnup>. Acesso em: jul. de 2020.

AGUIAR, Fábio; CAROLI, Paulo. *Product backlog building*: construindo um Product Backlog efetivo. LeanPub, 2018.

BECK, Kent. *Extreme programming explained*: Embrace change. 1ª ed. Addison-Wesley, 1999.

BLANK, Steve G. *The four steps to the epiphany*: Successful strategies for products that win. K & S Ranch; 5ª ed., 2013.

CAROLI, Paulo e CAETANO, Tainã; *Fun retrospectives*: activities and ideas for making agile retrospectives more engaging, LeanPub, 2014.

CAROLI, Paulo. *Direto ao ponto*: Criando produtos de forma enxuta. Casa do Código; 1ª edição, 2014.

CAROLI, Paulo. *Lean Inception*: How to align people and build the right product. Editora Caroli; 1ª ed., 2018.

CAROLI, Paulo. *MVPs no mundo real: o caso do EasyTaxi*, (2015). Disponível em: <https://www.infoq.com/br/articles/mvp-easy-taxi>. Acesso em: jul. de 2020.

COHN, Mike. *User stories applied*: For agile *software* development. Addison-Wesley Professional; 1ª ed., 2004.

COOPER, A.; REIMANN, R.; CRONIN, D.; NOESSEL, C. *About face*: The essentials of interaction design. Wiley; 4ª ed., 2014.

GOTHELF, Jeff; SEIDEN, Josh. *Lean UX*: Applying lean principles to improve user experience. O'Reilly Media; 1ª ed., 2013.

GRANDONI, Dino. *How Long People Waited to Be First in Line to Buy Apple Products* (2011). Disponível em: <https://www.theatlantic.com/technology/archive/2011/10/how-long-people-waited-be-first-line-buy-apple-products/337087>. Acesso em: jul. de 2020.

HUMBLE, Jez; FARLEY, David. *Continuous delivery*: Reliable software releases through build, test and deployment automation. Addison-Wesley, 2010.

JEFFRIES, Ron. *The noestimates movement* (2013). Disponível em: <https://ronjeffries.com/xprog/articles/the-noestimates-movement>. Acesso em: jul. de 2020.

Lean Inception. Disponível em: <https://martinfowler.com/articles/lean-inception>. Acesso em: jul. de 2020.

LOWDERMILK, Travis. *User-centered design*: A developer's guide to building user-friendly applications. O'Reilly Media; 1ª ed., 2013.

MCCLURE, Dave. *Métricas de pirata – AARRR*. Disponível em: <http://pt.wikipedia.org/wiki/AARRR>. Acesso em: jul. de 2020.

O quadro MVP. Disponível em: <www.caroli.org/o-quadro-mvp>. Acesso em: jul. de 2020.

OHNO, Taiichi. *Toyota production system*. Productivity Press, 1988.

OSTERWALDER, A.; PIGNEUR, Y. *Business model generation*: A handbook for visionaries, game changers and challengers. Amsterdam: OSF, 2009.

PATTON, Jeff. *User story mapping*: Discover the whole story, build the right product. O'Reilly Media, 2014.

Pragmatic Personas. Disponível em: <http://www.stickyminds.com/article/pragmatic-personas>. Acesso em: jul. de 2020.

Principles behind the Agile Manifesto (2001). Disponível em <http://agilemanifes-to.org/principles.html>. Acesso em: jul. de 2020.

RASMUSSON, Jonathan. *The Agile Samurai*: How agile masters deliver great software. Pragmatic Bookshelf; 1ª ed., 2010.

RIES, Eric. *The lean startup*: How today's entrepreneurs use continuous innovation to create radically successful businesses. Crown Publishing, 2011.

SABBAGH, Rafael. *Scrum*: Gestão ágil para projetos de sucesso. Casa do Código, 2013.

SCHWABER, Ken; BEEDLE, Mike. *Agile software development with Scrum*. Pearson; 1ª ed., 2001.

SUTHERLAND, Jeff. *Scrum*: The art of doing twice the work in half the time. Crown Business, 2014.

TAYLOR, Jeffrey L. *Hypothesis-Driven Development*, Article on Dr. Dobb's (2011), Disponível em: <http://www.drdobbs.com/architecture-and-design/hypothesis-driven-development/229000656>. Acesso em: jul. de 2020.

WILLIAN, S. Junk. *The dynamic balance between cost, schedule, features and quality in software development projects*. Computer Science Dept., University of Idaho, SEPM-001, 2000.

WOMACK, James P.; JONES, Daniel T.; ROOS, Daniel. *The machine that changed the world*: the story of lean production — Toyota's secret weapon in the global car wars that is now revolutionizing world Ind. Free Press; Reprint, 2007.

WOMACK, James P.; JONES, Daniel T. *Lean thinking*: Banish waste and create wealth in your corporation — revised and updated. Free Press; 2ª ed., 2003.

SEJA UM FACILITADOR DE WORKSHOPS — LEAN INCEPTION

O princípio, achei que escrever o passo a passo das atividades da Lean Inception no livro era suficiente. Porém, com o tempo percebi que a ligação entre as pessoas facilitadoras do *workshop* e a troca de experiências entre elas e os participantes é muito rica e por isso é impossível fazer acontecer o *workshop* somente com o livro.

Adicionalmente, a procura de facilitadores de Lean Inception estava a aumentar muito: empresas procuravam-me para pedir recomendação de facilitadores e pessoas abordavam-me para pedir formações. Assim, juntei-me a outras pessoas com muita experiência em Lean Inception e, em dezembro de 2017, começámos a organizar comunidades e formações para partilhar esta prática.

Consulte as comunidades Lean Inception em:
www.caroli.org/comunidade-lean-inception.

Consulte a formação Lean Inception em:
www.caroli.org/treinamento-lean-inception.

SOBRE A EDITORA CAROLI

Para leitores e autores que procuram e partilham conhecimento de forma ágil, a Editora Caroli é uma editora-boutique – todos os livros são escritos, lidos, editados e/ou revistos por Paulo Caroli, que apoia a produção, divulgação e distribuição de livros e e-books. Ao contrário das editoras tradicionais, a Editora Caroli dá acesso ao conhecimento na sua essência, disponibilizando o texto das novas obras via e-book e de forma gratuita, além de apoiar eventos e entidades de ensino, presenteando-os com livros impressos.

Em **www.caroli.org** encontrará este e outros conteúdos de qualidade. Aproveite, pois os livros e e-books em WIP estão disponíveis gratuitamente.

WIP (*WRITING IN PROGRESS*)

A Editora Caroli apresenta uma nova proposta de trabalho, aproximando os autores dos seus leitores desde o início da criação de conteúdo. Porquê esperar que o autor termine de escrever para saber se o conteúdo é bom? No mundo atual, isso deixou de fazer sentido. Por isso, a Editora Caroli promove a partilha (gratuita sempre que possível) do WIP por meio de formatos e-book (pdf, mobi e epub). Desta forma, os leitores têm acesso rápido a novas ideias e podem fazer parte do desenvolvimento da obra. Para os autores, é uma forma eficaz de receber *feedback* e motivação para gerar o conteúdo.

PAULO CAROLI é apaixonado por inovação, empreendedorismo e produtos digitais. Ele é engenheiro de *software*, autor, palestrante e um excelente formador e facilitador de *workshops* Lean Inception. Consultor principal da Thoughtworks Brasil e cofundador da AgileBrazil, Paulo possui mais de vinte anos de experiência em desenvolvimento de *software*, tendo trabalhado em diversas empresas no Brasil, Índia, Estados Unidos e em vários países da América do Sul. Em 2000, descobriu o Extreme Programming e, desde então concentrou a sua experiência em processos e práticas da Agile & Lean. Ele ingressou na ThoughtWorks em 2006 e ocupou os cargos de Agile Coach, Trainer, Project e Delivery Manager. Paulo Caroli é licenciado em informática e mestre em Engenharia de Software, ambos pela PUC-Rio.

Acompanhe o autor em:
www.caroli.org
paulocaroli
paulocaroli
Paulo.Caroli